IL LIBRO DEGLI ANIMALI

EDICART è un marchio EDICART Style
Via Jucker, 28 - Legnano (MI) - Italia
Titolo originale: *The Animal Book*
Traduzione dall'inglese di *Mirta Cimmino*
 - Stampato in Italia
www.edicart.it

IL LIBRO DEGLI ANIMALI

A cura di
Camilla de la Bédoyère
Steve Parker
John Farndon

EDICART

Indice

Giganti PREISTORICI

Un viaggio alla scoperta dei colossali mostri che hanno dominato il nostro pianeta nella preistoria, attraverso pagine traboccanti di denti, code, fauci e artigli enormi.

◀ Il più grande dei dinosauri carnivori (nonché di tutti i carnivori terrestri conosciuti) era lo spinosauro. Questo predatore visse 100-95 milioni di anni fa, e aveva delle lunghe spine ossee lungo la schiena, unite dalla pelle in una sorta di vela.

Creature degli ABISSI

Oltre 3.000 milioni di anni fa, le forme di vita che abitavano gli oceani terrestri erano piccole, minuscole particelle. Ma con l'evoluzione, nella lotta per la sopravvivenza cominciarono a vincere creature sempre più grandi, e a partire da circa 450 milioni di anni fa, i primi giganti acquatici iniziarono a vagare per i mari.

▼ Le dimensioni del *jaekelottero* sono state stimate sulla base di un gigantesco fossile di chela, trovato in Germania nel 2007. Forse era usato per agguantare le prede, come in questa immagine.

Superscorpioni marini

Oggi gli scorpioni vivono per lo più in habitat desertici e raramente superano i 15 cm di lunghezza. Nel Devoniano (419-359 milioni di anni fa) gli scorpioni marini, detti euripteridi, erano quasi 30 volte più grandi. Il corpo del jaekelottero era lungo oltre 2,5 metri e le sue chele raggiungevano i 90 cm. I primi euripteridi vivevano nelle acque salate, e in seguito si trasferirono in quelle dolci. Appartenevano alla famiglia degli aracnidi, anche se hanno più in comune con i moderni limulidi.

▼ L'odierna tridacna gigante è una gran girovaga, ma solo nella sua forma giovanile e ridotta di larva. Una volta scelto un punto soleggiato e poco profondo della barriera corallina, la tridacna vi si stabilisce e cresce fino a diventare enorme.

IL FOSSILE DI CHELA DI JAEKELOTTERO È LUNGO OLTRE 51 CM, CIOÈ PIÙ DELLA DISTANZA TRA IL GOMITO E LA PUNTA DELLE DITA.

MOLLUSCHI GIGANTI

Lunga 1,3 metri, la tridacna gigante è il più grande mollusco esistente oggi, ma è piccola se paragonata al *Platyceramus*, il suo colossale cugino preistorico, lungo ben 3 metri. Questo antico mollusco era quasi tre volte più grande dell'esemplare che detiene attualmente il record; tuttavia, la sua conchiglia era più sottile e più fragile di quella della tridacna gigante, e quindi probabilmente meno pesante.

▼ La *Parapuzosia* aveva forse 8-10 tentacoli, ciascuno più lungo del braccio di un bambino.

Incredibili ammoniti

Parenti di polpi e calamari, le ammoniti avevano grandi occhi e sinuosi tentacoli per catturare le prede. La maggior parte era difficilmente più grande di una mano, ma la *Parapuzosia*, una delle ultime a evolversi, era lunga più di 3 metri e pesava oltre 1,4 tonnellate: più di un'auto familiare. Metà del peso era dovuto al suo enorme guscio.

Tentacoli colossali

I nautiloidi erano un altro gruppo di grandi predatori oceanici. Somigliavano alle ammoniti ma avevano gusci dritti e affusolati, simili a enormi coni gelato. Il camerocerato, vissuto durante l'Ordoviciano (485–443 milioni di anni fa), era uno dei nautiloidi più grandi, con un guscio lungo fino a 6 metri. Aveva occhi grandi come palloni da spiaggia e i suoi minacciosi tentacoli, lunghi 2 metri, potevano sopraffare praticamente qualsiasi preda.

▲ Il guscio del camerocerato era lungo come un moderno squalo bianco.

Gigantismo abissale

I più grandi invertebrati (animali senza spina dorsale) esistenti oggi vivono negli abissi e sono chiamati a buon diritto calamaro gigante e calamaro colossale. I biologi hanno notato che gli abitanti delle profondità oceaniche sono spesso enormi. La tusoteutide, un calamaro gigante vissuto durante il Cretaceo (145-66 milioni di anni fa), era lunga 11 metri, tentacoli compresi.

▶ I calamari giganti sono i moderni mostri degli abissi. Hanno robusti tentacoli dotati di enormi ventose dentate, per tenere strette anche le prede più sfuggenti.

INSETTONI

La vita sulla terra, come quella sott'acqua, iniziò in piccolo: i primi proto-insetti terrestri, vissuti più di 400 milioni di anni fa erano più piccoli di questa "o". Col tempo, le dimensioni divennero importanti per la sopravvivenza. Grossi insetti brulicavano, volavano e planavano nelle umide foreste del Carbonifero, tra felci, equiseti e licopodi. Alcune di queste piante erano 200 volte più alte delle loro pronipoti moderne.

NOME *Arthropleura*
EPOCA 300 milioni di anni fa
LUNGHEZZA Oltre 2,5 m in totale
DIETA Nonostante l'aspetto temibile, l'*Arthropleura* era probabilmente erbivora
HABITAT Tra foglie, fronde di felce e detriti in decomposizione sul suolo delle foreste del Carbonifero

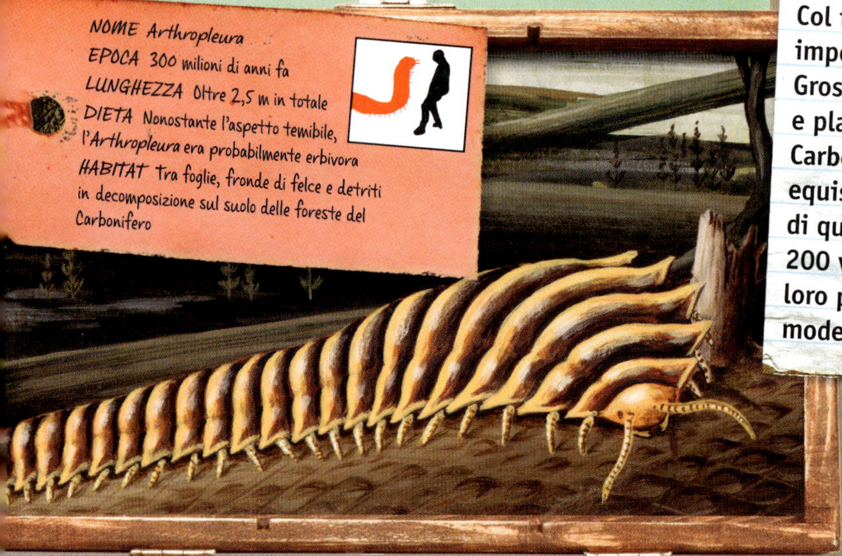

Campionessa dalle molte zampe

Il più grande invertebrato che abbia mai calpestato il suolo terrestre è l'*Arthropleura*, una gigantesca cugina dei moderni millepiedi. La sua lunghezza poteva superare l'altezza di un uomo adulto, e la sua testa corazzata era più grande di una palla da basket. Questa colossale creatura era composta da circa 30 segmenti corporei, ciascuno dotato di una spessa piastra dorsale protettiva e probabilmente di due paia di zampe. Tale struttura permetteva all'insetto di muoversi rapidamente nel sottobosco.

NOME Pulmonoscorpio
EPOCA 330 milioni di anni fa
LUNGHEZZA 76 cm dalla testa alla coda
DIETA Insetti, vermi, lumache, piccoli anfibi, rettili primitivi
HABITAT Zone secche e sopraelevate delle foreste, con piante arborescenti come lepidodendri e felci

Fantastici aracnidi

Uno dei più grandi scorpioni di terra mai esistiti è il pulmonoscorpio. Ben più grande delle specie moderne, il suo pungiglione sarebbe stato grande come la mano di un umano adulto. Purtroppo, i fossili non rivelano se fosse velenoso. Oggi gli esemplari più piccoli, come lo scorpione giallo (5-8 cm), sono dotati di un veleno letale, mentre le specie più grandi hanno un pungiglione più debole e usano le dimensioni e la forza per soggiogare le prede.

Giganti alati

La *Meganeura* e la *Meganeuropsis* erano meganisotteri strettamente imparentati con le attuali libellule. Oltre a essere i più grandi insetti volanti, erano anche i più grandi insetti esistenti. Le *Meganeuropsis* erano i migliori predatori aerei della loro era (primo Permiano, 299–271 milioni di anni fa) e piombavano in picchiata su insetti succhiatori di piante detti paleodittiotteri, a loro volta enormi: le loro ali misuravano 51 cm da una punta all'altra.

NOME *Meganeuropsis*
EPOCA 290 milioni di anni fa
LUNGHEZZA 46 cm, con 4 ali dall'apertura di quasi 76 cm
DIETA Insetti succhiatori di piante, scarafaggi, altri insetti volanti primitivi
HABITAT Foreste di licopodi giganti, poi di equiseti quando il clima divenne più secco, nel primo Permiano

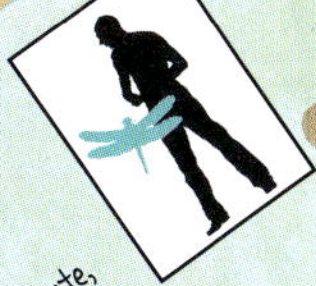

OSSIGENO VITALE

Durante il Carbonifero (359-299 milioni di anni fa) vissero insetti immensi. All'epoca, i livelli di ossigeno nell'aria erano molto più alti: probabilmente superavano il 30%, contro il 21% di oggi. Gli insetti moderni assumono ossigeno tramite dei tubuli posti sul corpo detti trachee, attraverso i quali l'aria, più che essere "inspirata", circola liberamente tra interno ed esterno. La ricca aria del Carbonifero forniva più ossigeno alle lunghe trachee degli insetti preistorici, e questo potrebbe spiegare perché fossero più grandi dei loro analoghi moderni.

NOME *Euphoberia*
EPOCA 290 milioni di anni fa
LUNGHEZZA Tra 30 e 90 cm
DIETA Insetti, vermi, molluschi, piccoli anfibi, rettili primitivi
HABITAT Collinette basse e asciutte nelle paludi di carbone del carbonifero

Quante gambe!

L'*Euphoberia* è forse il più grande centopiedi mai esistito, ma è difficile stabilirlo con certezza: i fossili non sono abbastanza completi o dettagliati da dirci se fosse un centopiedi, un millepiedi o qualche altro tipo di insetto gigante. Alcuni misurano solo 30 cm, ma forse appartenevano a individui giovani, che crescendo sarebbero diventati tre volte più lunghi.

PESCI ENORMI

Il possente squalo balena è il più grande pesce vivente: può raggiungere i 12 metri di lunghezza e le 18 tonnellate di peso. Il grande squalo bianco è il più grosso tra i pesci predatori, con i suoi 6 metri per un peso di 1,8 tonnellate. Ma nella preistoria, i mari terrestri ospitarono pesci ancora più smisurati.

FAUNA MARINA PREISTORICA →

◀ Il *Dunkleosteus* era due volte più grande di uno squalo bianco: poteva raggiungere una lunghezza di 11 metri e un peso di 4 tonnellate.

Terrore dentato

Il *Dunkleosteus* apparteneva alla classe dei placodermi, pesci dalla pelle a placche. Queste creature estinte avevano tutte grandi corazze ricurve sulla testa e sul torace. Tra i vertebrati, il *Dunkleosteus* era uno dei predatori marini dominanti.

▼ Si stima che la forza della mascella di un *Dunkleosteus* fosse di circa 5.300 newton, e cioè di poco superiore a quella del coccodrillo, uno degli animali viventi dal morso più potente.

LAME D'OSSO

Il *Dunkleosteus* non aveva veri e propri denti. Semplicemente, lungo il cavo orale, le sue ossa mascellari si assottigliavano fino a diventare affilate come lame. Con queste poteva azzannare praticamente qualsiasi vittima, inclusi altri placodermi. Forse i *Dunkleosteus* si sono evoluti in modo da cacciare i propri simili.

▶ Un fossile di *Xiphactinus* mostra che il suo ultimo pasto fu un pesce lungo 1,8 metri... inghiottito intero!

Un rapido nuotatore

Lo *Xiphactinus* avrebbe dato del filo da torcere al grande squalo bianco. Questo mostro marino zannuto era lungo 6 metri, ed è imparentato con la famiglia degli *Osteoglossiformi* (pesci dalla lingua ossea), che include uno dei più grandi pesci d'acqua dolce moderni, l'arapaima. Lo *Xiphactinus* poteva raggiungere una velocità di 64 km/h, quindi probabilmente nuotava più velocemente e forse anche più agilmente del grande squalo bianco, che raggiunge i 40 km/h.

Un gigante gentile

Il *Leedsichthys* è il più grande pesce conosciuto mai esistito. Tuttavia, i suoi resti fossili sono frammentari poiché molte parti del suo scheletro erano fatte di cartilagine, che non si conserva bene come le ossa. Nel 2013, un gruppo di ricercatori ha studiato i fossili e ha dichiarato che questo pesce colossale poteva arrivare fino a 16 metri di lunghezza per un peso di oltre 22 tonnellate. Come lo squalo balena, con la sua bocca cavernosa filtrava plancton e altre piccole creature dall'acqua.

IL *LEEDSICHTHYS* PRENDE IL NOME DAL COLLEZIONISTA DI FOSSILI ALFRED LEEDS, CHE NEL 1886 FU IL PRIMO A TROVARE I SUOI RESTI VICINO A PETERBOROUGH, INGHILTERRA

▼ L'enorme bocca del *Leedsichthys* poteva contenere facilmente l'equivalente di 25 vasche da bagno piene d'acqua.

Spirale dentata

Per molti anni, gli esperti si sono interrogati su alcuni strani fossili di forma simile a quella di una sega circolare, alcuni dei quali avevano un diametro di oltre 30 cm e presentavano più di 120 punte. Finalmente, nel 2013, grazie ad altri fossili e a una scansione TC, si è scoperta la sorprendente verità: la "spirale" era un sistema di denti seghettati presente nella parte inferiore della bocca di un enorme pesce simile a uno squalo e chiamato elicoprione, che significa "sega a spirale". Questa creatura poteva crescere fino a 5 metri in lunghezza.

▼ Col tempo, denti nuovi e più grandi si aggiungevano all'esterno della grande spirale dentata dell'elicoprione, mentre quelli più vecchi si spostavano verso il centro.

COCCODRILLI colossali

Durante il primo Cretaceo, 145-110 milioni di anni fa, immensi dinosauri erbivori vagavano sulla terra. Questi giganti costituivano un pasto luculliano per i loro predatori, che includevano altri dinosauri ma anche un rettile enorme, che si appostava in paludi basse e ombrose: il *Sarcosuchus*, l'antico coccodrillo colossale.

▶ Le lunghissime ma sottili mascelle del *Sarcosuchus* erano perfette per scorrere di lato e bloccare prede sfuggenti.

Un Sahara paludoso

Oggi, il deserto del Sahara è esattamente l'opposto dell'habitat di un grande coccodrillo. Tuttavia, tra i fossili del primo Cretaceo sono stati ritrovati pesci, anfibi e altre creature acquatiche vissute in quest'area. Ci sono anche resti di piante che crescono solitamente lungo i fiumi o presso paludi poco profonde e acquitrini, e persino increspature sulla sabbia e sul fango che mostrano la direzione e la velocità delle correnti d'acqua. In questo antico e paludoso mosaico, il *Sarcosuchus* regnava incontrastato.

▼ Come i coccodrilli odierni, il *Sarcosuchus* si muoveva facilmente sulla terraferma, ma era ancora più agile nell'acqua.

SCOPERTE FOSSILI

1867	1869	1907	1949, 1950s	1957	1964	1966	1977
Brasile	*USA*	*USA*	*Africa*	*Algeria, Tunisia e Niger*	*Niger settentrionale*	*Parigi, Francia*	*Europa*
Trovati grandi denti fossili di coccodrillo	Fossili classificati come *Crocodylus hartti*	*Crocodylus hartti* riclassificati come *Goniopholis hartti*	Trovati vari fossili, probabilmente appartenuti a coccodrilli	Conferma dell'appartenenza a coccodrilli	Trovato il fossile di un cranio quasi completo	Battezzato ufficialmente *Sarcosuchus imperator*	Fossili di *Goniopholis hartti* riclassificati come *Sarcosuchus hartti*

GLI ESPERTI RIESCONO A STABILIRE L'ETÀ DI UN COCCODRILLO IN BASE AGLI ANELLI DELLA CRESCITA CHE SI FORMANO OGNI ANNO NELLE LORO OSSA. I FOSSILI MOSTRANO CHE IL *SARCOSUCHUS* POTEVA VIVERE OLTRE 60 ANNI.

▼ Le testimonianze fossili indicano che tra le prede del *Sarcosuchus* c'era anche l'ouranosauro, un dinosauro pesante circa 2,7 tonnellate.

Potente cacciatore

Il *Sarcosuchus* aveva probabilmente uno stile di caccia simile a quello di un moderno coccodrillo: si acquattava immobile e senza dare nell'occhio vicino alla riva, in attesa che la sua vittima si fermasse a bere. Poi, scivolava silenziosamente verso la preda, prima di balzarle addosso e azzannarla violentemente, trascinandola a fondo.

Mascelle lunghe e sottili

Gigante moderno

All'estremità orientale del deserto del Sahara scorre il fiume Nilo, che dà il nome al secondo classificato tra i più grandi rettili viventi. Il coccodrillo del Nilo è lungo 6 metri, cioè appena la metà di un *Sarcosuchus*. Pesa circa una tonnellata ed è di gran lunga il più grande predatore del continente africano, capace di catturare e affogare zebre, bufali o perfino giovani elefanti che gli capitino sotto tiro. È anche sospettato dell'aggressione di oltre 200 persone all'anno. Il *Sarcosuchus* doveva essere ancora più letale!

◀ Quando il coccodrillo del Nilo balza fuori dall'acqua, nemmeno gli uccelli sono al sicuro.

1997
Niger
Dissotterrati fossili di Sarcosuchus imperator più grandi e completi

Re dei **Carnivori**

Per oltre un secolo si è pensato che il *Tyrannosaurus rex* fosse il più grande predatore terrestre mai vissuto, oltre a essere uno dei dinosauri più famosi di tutti i tempi. Tuttavia, recentemente sono stati scoperti altri colossali pretendenti al trono: gli enormi dinosauri carnivori del periodo Cretaceo (145-66 milioni di anni fa).

Tyrannosaurus rex
Lunghezza: 12,2 m
Peso: 6,8 tonnellate
Epoca: 66 milioni di anni fa

Giganotosauro
Lunghezza: 13,1 m
Peso: 7,4 tonnellate
Epoca: 97 milioni di anni fa

Il re lucertola deposto

Il T-rex ha ricevuto il suo ormai famosissimo nome nel 1905. Attualmente se ne conoscono oltre 30 esemplari, il più grande dei quali si chiama Sue. Questo fossile gigante e sorprendentemente intatto è stato rinvenuto in Sud Dakota (USA) nel 1990 e prende il nome dalla sua scopritrice, Sue Hendrickson. I denti del T-rex, massicci, ricurvi e lunghi fino a 23 cm erano probabilmente più forti di quelli di qualunque altro dinosauro.

Il sovrano sudamericano

Nel 1995 il giganotosauro fu battezzato a partire da un fossile ritrovato in Argentina dal meccanico e cercatore di fossili part-time Rubén Carolini. Questa importante scoperta decretò la deposizione del T-rex. I fossili mostrano che aveva un lungo cranio, un'enorme bocca, denti terrificanti e affilati, mascelle possenti e zampe anteriori relativamente piccole, mentre le zampe posteriori e la coda erano forti e massicce.

LE SPINE DORSALI DELLO SPINOSAURO ERANO ALTE FINO A 1,8 METRI E L'AREA DELLA SUA VELA ERA AMPIA QUANTO DUE LETTI MATRIMONIALI.

Record africano

Nel 1931, alcuni fossili trovati nel 1925 in Algeria furono classificati come *Carcharodontosaurus* dallo studioso tedesco Ernst Stromer, per via della somiglianza dei denti con quelli del grande squalo bianco, il carcarodonte. Esemplari ancora più grandi vennero alla luce in Marocco e Niger negli anni Novanta, e il carcarodontosauro strappò presto al giganotosauro il titolo del più grande predatore di tutti i tempi.

Campione in carica

Fossili di spinosauro furono trovati per la prima volta in Egitto nel 1912, ma scoperte più recenti, negli anni 1990 e 2000, hanno confermato il suo statuto di re dei carnivori. Ulteriori tracce di questo predatore sono state rinvenute in Algeria, Tunisia e Marocco. Il cranio era lungo e snello, come il muso di un coccodrillo, con denti conici. Insieme ai suoi fossili c'erano tracce di pesce, il che suggerisce che si nutrisse anche di prede squamose.

OSCURARE il cielo

I più grandi animali volanti mai esistiti furono gli pterosauri dell'era dei dinosauri. Classificati come rettili, si sono evoluti separatamente in uccelli. Molti erano probabilmente pelosi e a sangue caldo. Si trattava di una famiglia animale molto numerosa, composta da specie di varie dimensioni, da piccole a colossali.

Divinità volante

Il *Quetzalcoatlus northropi* prende il nome dal dio serpente piumato dell'America Centrale, Quetzalcoatl. Vissuto 68 milioni di anni fa, la sua apertura alare misurava 11 metri, più o meno come quella di un moderno veivolo ultraleggero. Pesava oltre 200 kg, e come altri pterosauri aveva un potente battito d'ali. Ma la sua stazza mastodontica suggerisce che trascorresse molto tempo planando, sfruttando correnti ascensionali e termiche.

▶ Come molti pterosauri, il *Quetzalcoatlus* aveva ossa cave per ridurre il peso del grande corpo e delle ali.

◀ Due *Tropeognathus* si azzuffano a mezz'aria per un pasto a base di pesce.

Mascelle a scatto

Resti conservati di *Tropeognathus* furono scoperti nella Formazione Santana, in Brasile, intorno al 1980. Era davvero enorme, con un'apertura alare di 8,2 metri. Il suo nome significa "mascella chigliata", e presentava due strane creste o chiglie semicircolari sopra e sotto la punta del muso. I denti erano appuntiti e ben distanziati, perfetti per catturare pesci e calamari. Il *Tropeognathus* planava e poi si lanciava in picchiata fino a sfiorare la superficie dell'acqua, immergendo il grande muso per ghermire le sue prede.

◀ L'*Hatzegopteryx* aveva un cranio enorme lungo oltre 2,4 metri.

Colosso rumeno

I fossili di *Hatzegopteryx*, battezzati così nel 2002, vengono dalla Transilvania, in Romania. Si tratta di pochi resti, in particolare un pezzo di cranio e un omero (parte superiore dell'osso del braccio), ma bastano per classificarlo come pterosauro. Questi fossili ricordano quelli del *Quetzalcoatlus*, ma fanno supporre che fosse ancora più grande, con una straordinaria apertura alare di 12 metri. Se così fosse, l'*Hatzegopteryx* sarebbe il più grande animale volante mai esistito. Il suo nome significa "ala del bacino di Ha eg", dal nome della regione in cui fu trovato. Visse alla fine del Cretaceo, all'incirca nello stesso periodo del *Quetzalcoatlus northropi*.

◀ Le ali degli pterosauri erano sostenute dalle ossa delle mani e delle dita, e in particolare dal lunghissimo quarto dito.

Una scoperta recente

Gli pterosauri avevano ossa leggere e sottili, che permettevano ai loro grandi corpi di volare. Tuttavia, ossa simili non si fossilizzano bene, poiché sono fragili e si disintegrano in fretta. Perciò gli pterosauri vengono spesso descritti a partire da resti minimi. Di recente è stato scoperto l'*Alanqa*, battezzato nel 2010 a partire da qualche pezzo di mascella e da quella che si pensa sia una vertebra cervicale. Da una stima approssimativa, l'apertura alare misurava circa 6 metri.

CIELO O TERRA?

Gli scienziati si sono interrogati a lungo sullo stile di vita di pterosauri giganti come il *Quetzalcoatlus* e l'*Hatzegopteryx*. Per delle creature che trascorrevano molto tempo in aria, i loro arti anteriori e posteriori sembravano particolarmente forti e robusti. Questa considerazione ha generato nuove ipotesi sulle loro abitudini. Forse passavano molto tempo anche sulla terra, camminando sulle zampe e sulle "nocche" delle grandi ali. In tal modo, lo pterosauro avrebbe potuto muoversi a grandi falcate, beccando qualunque cibo lo allettasse. Poi si sarebbe accovacciato sui quattro arti e avrebbe spiccato il volo, fendendo l'aria come un drago con il possente battito delle sue ali.

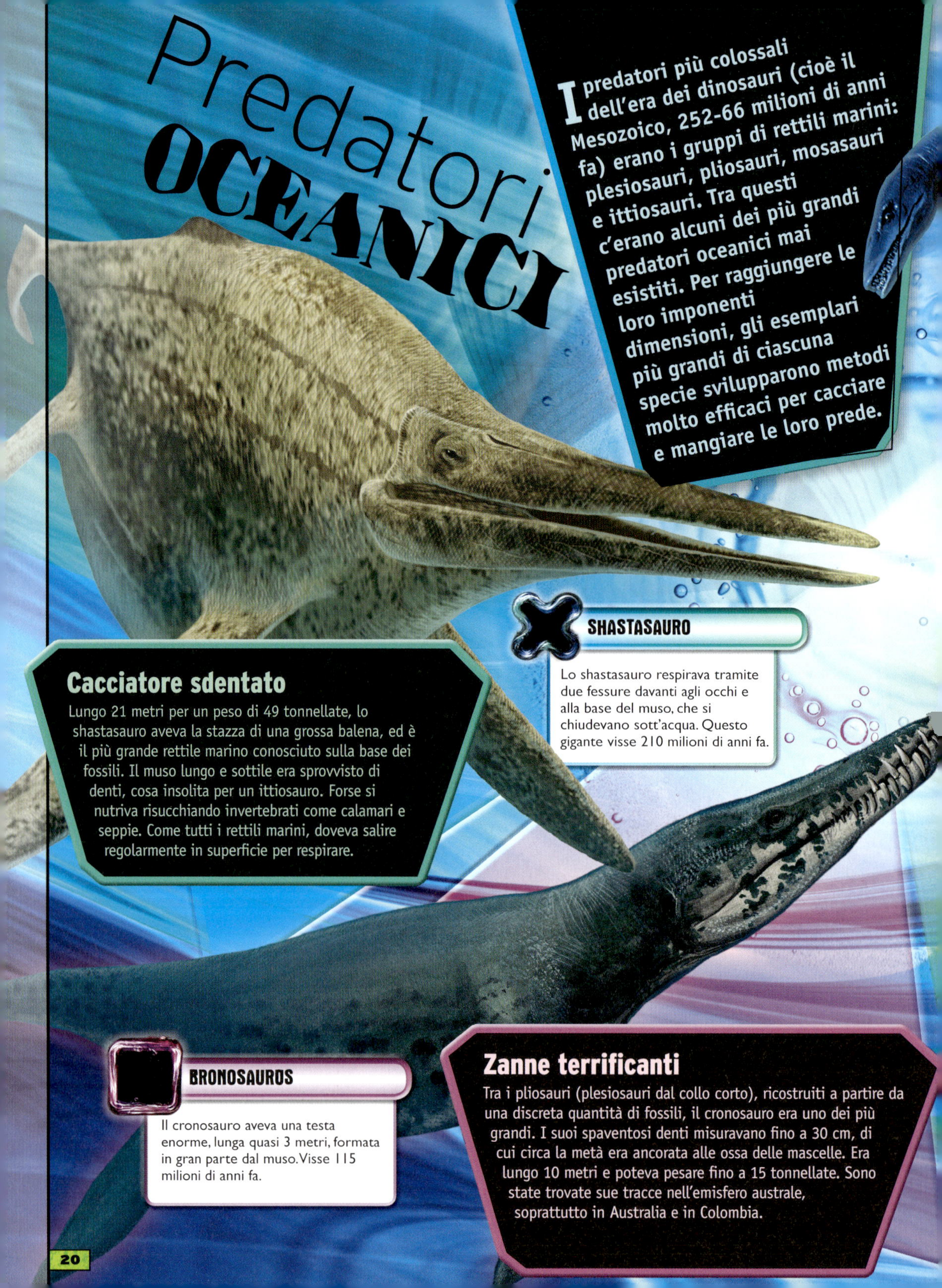

Predatori OCEANICI

I predatori più colossali dell'era dei dinosauri (cioè il Mesozoico, 252-66 milioni di anni fa) erano i gruppi di rettili marini: plesiosauri, pliosauri, mosasauri e ittiosauri. Tra questi c'erano alcuni dei più grandi predatori oceanici mai esistiti. Per raggiungere le loro imponenti dimensioni, gli esemplari più grandi di ciascuna specie svilupparono metodi molto efficaci per cacciare e mangiare le loro prede.

SHASTASAURO

Lo shastasauro respirava tramite due fessure davanti agli occhi e alla base del muso, che si chiudevano sott'acqua. Questo gigante visse 210 milioni di anni fa.

Cacciatore sdentato

Lungo 21 metri per un peso di 49 tonnellate, lo shastasauro aveva la stazza di una grossa balena, ed è il più grande rettile marino conosciuto sulla base dei fossili. Il muso lungo e sottile era sprovvisto di denti, cosa insolita per un ittiosauro. Forse si nutriva risucchiando invertebrati come calamari e seppie. Come tutti i rettili marini, doveva salire regolarmente in superficie per respirare.

BRONOSAUROS

Il cronosauro aveva una testa enorme, lunga quasi 3 metri, formata in gran parte dal muso. Visse 115 milioni di anni fa.

Zanne terrificanti

Tra i pliosauri (plesiosauri dal collo corto), ricostruiti a partire da una discreta quantità di fossili, il cronosauro era uno dei più grandi. I suoi spaventosi denti misuravano fino a 30 cm, di cui circa la metà era ancorata alle ossa delle mascelle. Era lungo 10 metri e poteva pesare fino a 15 tonnellate. Sono state trovate sue tracce nell'emisfero australe, soprattutto in Australia e in Colombia.

Killer dal collo di serpente

Il collo dell'elasmosauro era lungo quasi quanto il resto del corpo. Ci sono diverse teorie sul modo in cui questo plesiosauro attaccava le sue prede: secondo quelle più datate, cacciava in superficie, con la testa fuori dall'acqua, pronto a piombare come un arpione dentato per catturare i pesci dall'alto. Idee più recenti sostengono invece che si appostasse in basso e colpisse verso l'alto. Questo killer oceanico era lungo 14 metri e pesava circa 2 tonnellate.

ELASMOSAURO

Probabilmente l'elasmosauro cacciava piccole prede come pesci e calamari lunghi meno di 1 m. Abitava i mari 80 milioni di anni fa.

MOSASAURO

Lungo e snello, il mosasauro nuotava veloce, dandosi la spinta con le potenti pinne anteriori e sterzando con quelle posteriori. Visse 66 milioni di anni fa.

Ultimo ma non ultimo

Uno degli ultimi e più letali giganti marini dell'era dei dinosauri fu il mosasauro. Lungo 17 metri e pesante 14,5 tonnellate, nel tardo Mesozoico era il terrore dei mari dell'Europa e dell'America del Nord. Le enormi e muscolose mascelle, dotate di forti denti conici, mostrano che, come il cronosauro, anche il mosasauro era specializzato nel fare a pezzi grosse prede.

CAMBIO DI MENTALITÀ

I fossili di mosasauro trovati nel 1760 innescarono importanti cambiamenti nel pensiero scientifico. Un esperto di fossili, il barone Georges Cuvier (1769-1832), capì che i resti del mosasauro appartenevano a un rettile, non a un pesce o a una balena. Ciò gli suggerì che potesse trattarsi di una specie estinta. Una simile idea andava contro la visione religiosa del tempo, secondo la quale le specie erano immutabili. Cuvier adattò la teoria alla religione, affermando che le catastrofi bibliche, come le inondazioni, avevano causato l'estinzione degli animali primitivi, sostituiti da Dio con nuove specie. Questa teoria restò in piedi fino al 1859, quando Charles Darwin (1809-1882) pubblicò le sue idee sull'evoluzione per selezione naturale.

▲ Georges Cuvier innovò la visione scientifica accettando l'idea dell'estinzione di rettili giganti, imponenti mammut e altre specie.

ULTRA sauri!

La balenottera azzurra vince il record dell'animale più grande di tutti i tempi, oggi come nella preistoria. Incredibilmente, pesa oltre 172 tonnellate e può raggiungere una lunghezza complessiva di 30 metri. Tuttavia, i più grandi animali che abbiano camminato sulla terra sono i colossali dinosauri sauropodi. È difficile stabilire quali fossero le loro reali dimensioni, poiché spesso sono stati trovati solo pochi frammenti dei loro scheletri.

I FOSSILI SONO DURI E COMPATTI: QUELLO DELLA GAMBA DI UN SAUROPODE PUÒ PESARE OLTRE 9 TONNELLATE!

CAMPIONE ARGENTINO

L'argentinosauro dell'America del Sud è stato scoperto a partire da circa venti fossili ritrovati negli anni 1990. Circa 11 vertebre (complete o parziali), parte di un femore, diverse costole e una tibia furono dissotterrati nella provincia di Neuquén, nell'Argentina centro-occidentale. Sulla base di queste ossa, gli esperti stimano che fosse alto fino a 30 metri e che potesse pesare fino a 84 tonnellate.

LUNGHE ZAMPE

Con le sue lunghe zampe anteriori e il dorso inclinato, il brachiosauro nordamericano aveva una struttura fisica leggermente diversa da quella di molti altri sauropodi. Fu battezzato nel 1903 a partire da diversi insiemi di fossili. Si stima che raggiungesse una lunghezza di 26 metri e pesasse circa 34 tonnellate. Il brachiosauro aveva piccoli denti per masticare grandi quantità di piante.

CAPO LUCERTOLONE

Un altro imponente sauropode argentino, il *Futalognkosaurus*, fu scoperto nel 2007 sulla base di una buona quantità di fossili. Il suo nome significa "capo lucertola gigante" nella lingua degli indigeni mapuche. Si stima che fosse lungo 26 metri e pesasse 69 tonnellate, ed è un altro contendente al titolo di dinosauro più grande della storia.

GIRAFFA GIGANTE

Molti fossili relativamente completi di un super-sauropode furono rinvenuti in Africa orientale tra il 1909 e il 1912, e classificati come brachiosauri nel 1914. Tuttavia, nel 1988, gli esperti capirono che si trattava di una specie diversa dal brachiosauro nordamericano, che rinominarono *Giraffatitan*. Si stima che raggiungesse i 27 metri di lunghezza, e che con le sue ossa tarchiate arrivasse a pesare 49 tonnellate.

Un sacco di spazio

Ricostruire gli scheletri dei dinosauri più grandi richiede molto spazio. Al Museo di Storia Naturale di Berlino, la ricostruzione di un *Giraffatitan* troneggia sui visitatori dall'alto dei suoi 12,5 metri. L'argentinosauro del Fernbank Museum of Natural History di Atlanta (USA) è altrettanto imponente, con i suoi 37 metri di lunghezza.

STABILIRE DIMENSIONI E PROPORZIONI

Quando hanno a disposizione solo pochi fossili di un animale estinto, gli esperti li confrontano con le stesse parti del corpo appartenenti a specie imparentate di cui si conosce meglio lo scheletro. Questo aiuta a ricostruire le ossa mancanti. Poi, solitamente con l'aiuto del computer, si calcolano le proporzioni, per determinare lunghezza, larghezza e altezza. Dopodiché si realizza un modello in scala dell'intero animale, spesso in argilla. Per stimare il peso, il modello viene immerso in acqua per determinarne il volume, poi moltiplicato per la densità media di carne e ossa (peso per unità di volume) di animali viventi affini, come coccodrilli e lucertole.

▶ Le aree marroni rappresentano alcune ossa fossili di argentinosauro rinvenute.

DINO-campioni

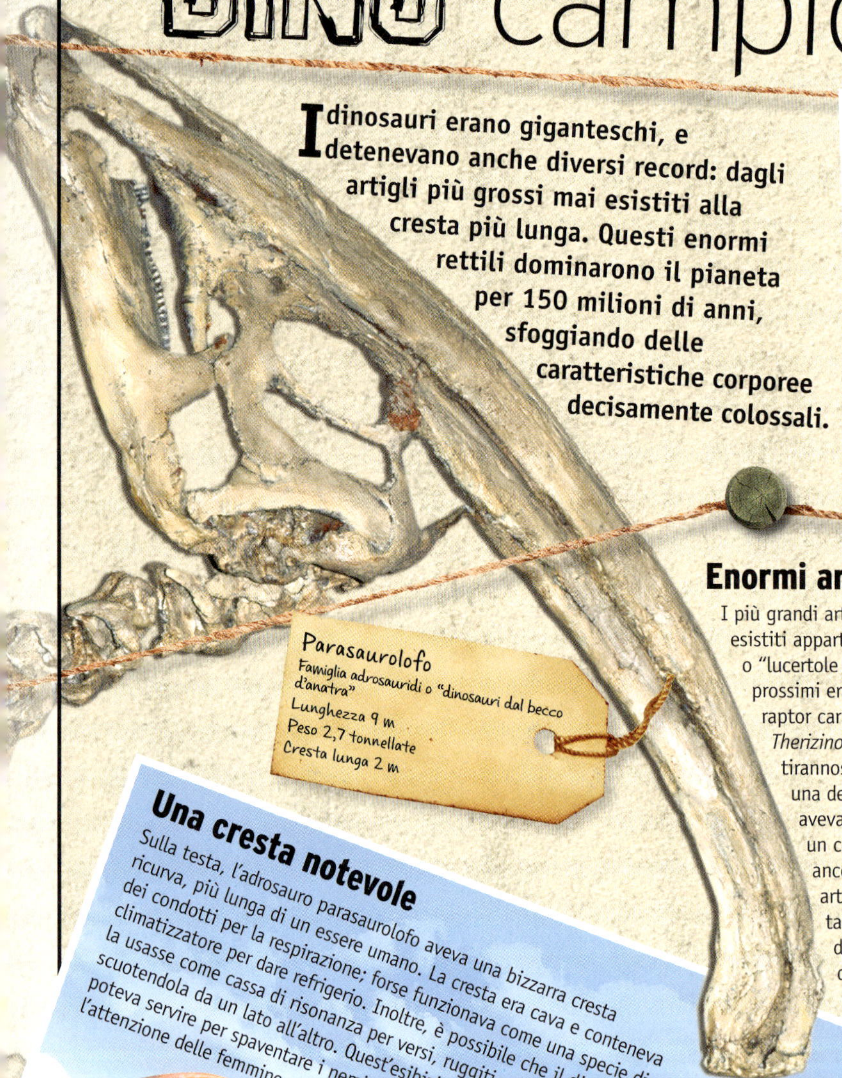

I dinosauri erano giganteschi, e detenevano anche diversi record: dagli artigli più grossi mai esistiti alla cresta più lunga. Questi enormi rettili dominarono il pianeta per 150 milioni di anni, sfoggiando delle caratteristiche corporee decisamente colossali.

▼ Negli anni Novanta, gli esperti ricostruirono il bizzarro e variegato aspetto del *Therizinosaurus*.

Parasaurolofo
Famiglia adrosauridi o "dinosauri dal becco d'anatra"
Lunghezza 9 m
Peso 2,7 tonnellate
Cresta lunga 2 m

Enormi artigli

I più grandi artigli animali mai esistiti appartenevano ai terizinosauri o "lucertole falce". I loro cugini più prossimi erano piccoli, veloci e feroci raptor carnivori, ma il più grande, il *Therizinosaurus*, era grande quanto un tirannosauro. Gli enormi artigli erano solo una delle sue bizzarre caratteristiche: aveva una testa piccola, un collo lungo e un corpo grosso e pesante. Non si sa ancora con certezza perché avesse degli artigli così grandi: potevano servire a tagliare o raccogliere foglie, dissotterrare termiti e altri insetti o difendersi dai predatori.

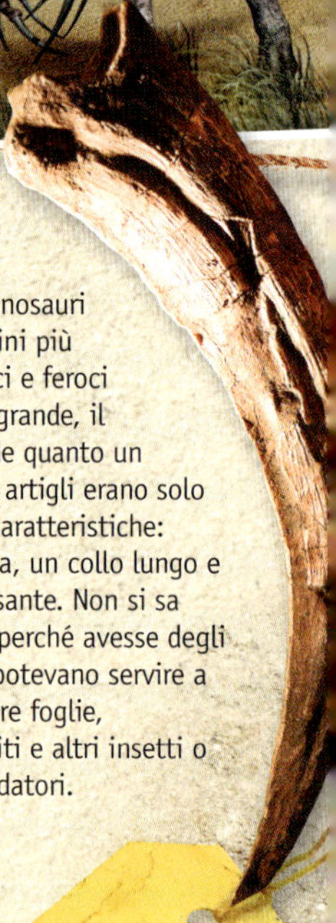

Una cresta notevole

Sulla testa, l'adrosauro parasaurolofo aveva una bizzarra cresta ricurva, più lunga di un essere umano. La cresta era cava e conteneva dei condotti per la respirazione; forse funzionava come una specie di climatizzatore per dare refrigerio. Inoltre, è possibile che il dinosauro la usasse come cassa di risonanza per versi, ruggiti e urla, scuotendola da un lato all'altro. Quest'esibizione visiva e sonora poteva servire per spaventare i nemici, minacciare i rivali e attirare l'attenzione delle femmine.

▼ Forse la cresta del parasaurolofo diventava di un colore brillante nel periodo riproduttivo, per attrarre potenziali compagne.

Therizinosaurus
Famiglia terizinosauri
Lunghezza 11 m
Peso 6 tonnellate
Artigli lunghi 90 cm

NEL 1940 SI CREDEVA CHE GLI ARTIGLI FOSSILI DI *THERIZINOSAURUS* APPARTENESSERO A UNA GIGANTESCA TARTARUGA MARINA CHE LI AVREBBE USATI PER TAGLIARE LE ALGHE!

Corna massicce

Esistono centinaia di fossili di corni di triceratopo, ma di solito quella che resta è la parte ossea, o nucleo, che sporgeva dal cranio. In realtà, questo nucleo era probabilmente ricoperto da uno strato di cheratina cornea, la stessa proteina fibrosa che forma il becco degli uccelli, gli artigli dei dinosauri e le unghie umane. Lo strato di cheratina rendeva le corna ancora più lunghe e aguzze.

▶ Pochi nemici avrebbero affrontato la carica di un branco di triceratopi, pronti a infilzarli con i loro corni.

Triceratopo
Famiglia ceratopsidi
Lunghezza 9 m
Peso 9 tonnellate
Corna lunghe oltre 90 cm

MEGAUOVA

Talvolta le uova si fossilizzano, ma è difficile stabilire quale animale le abbia deposte. Alcune uova rinvenute sono così grandi (lunghe 45 cm) che sembrerebbe ovvio pensare che appartenessero a un dinosauro; tuttavia, i resti sono frammentari, informi e difficili da ricostruire, perciò gli scienziati non possono averne la certezza.

Il collo più lungo

Molti sauropodi avevano lunghi colli, ma nessuno batteva quello del *Mamenchisaurus sinocanadorum*, scoperto nel 1993 nella Cina sud-occidentale. Il suo collo rappresentava circa la metà della lunghezza di tutto il corpo. Questo gigantesco erbivoro poteva muovere la piccola testa con un ampio raggio di rotazione, girando il collo soprattutto all'altezza delle spalle, mentre incedeva ruminando piante.

◀ Le articolazioni tra le lunghe e leggere vertebre cervicali del *Mamenchisaurus* suggeriscono che il centro del collo fosse abbastanza rigido.

Mamenchisaurus
Famiglia sauropodi
Lunghezza oltre 33 m
Peso 31,7 tonnellate
Collo lungo 17 m

▶ Queste uova fossili appartenevano probabilmente a un titanosauro, un enorme sauropode.

COLOSSI piumati

La preistoria vanta un'ampia gamma di uccelli enormi. Alcuni erano grandi quanto i moderni mammiferi giganti: alti come giraffe e pesanti quasi quanto un elefante. Gran parte di questi colossi piumati viveva su isole prive di mammiferi, cosa che permise loro di evolversi, diventando gli animali più grandi di quegli habitat.

Estremamente alto

Il moa gigante della Nuova Zelanda era l'uccello più alto che sia mai esistito; il collo copriva metà della sua altezza totale di 4 metri. Non c'erano grandi mammiferi erbivori in Nuova Zelanda, così varie specie di moa presero il loro posto. Si estinsero alcuni secoli fa, probabilmente a causa della caccia da parte degli umani, come accadde agli uccelli elefante.

Re del ghiaccio

Il più grande pinguino esistente oggi è il pinguino imperatore, alto circa 1,2 metri. Ma il suo prozio preistorico, l'icadipte, era più grande. Visse 35 milioni di anni fa in America del Sud, e raggiungeva un'altezza di 1,8 metri. L'icadipte pesava tre volte più di un umano, e aveva un becco lunghissimo, forte e affilato come un pugnale.

Incredibile apertura alare

L'argentavis, detto anche teratorn gigante, prende il nome dal paese in cui furono ritrovati i suoi fossili, l'Argentina. Aveva l'aspetto di un moderno avvoltoio, ma era grande il doppio e alto più di 1,8 metri. È il più grande uccello volante mai esistito, e sventrava le prede con il suo letale becco uncinato. Pesava 70 kg e la sua apertura alare poteva raggiungere i 7 metri.

Pesantissimo!

Il più grosso uccello di terra mai esistito era il gigantesco uccello elefante *Aepyornis maximus*. Pesava quasi mezza tonnellata ed era alto 2,7 metri. Sopravvisse fino a 400 anni fa sull'isola di Madagascar, nell'Oceano Indiano. Date le dimensioni, l'uccello non poteva volare, né scappare dagli esseri umani, che probabilmente ne causarono l'estinzione, non solo cacciando gli esemplari adulti, ma collezionandone le enormi uova.

UOVA A CONFRONTO

L'uovo di un uccello elefante era due volte più lungo e 15 volte più pesante delle uova di struzzo, le più grandi esistenti oggi. L'uovo preistorico pesava 23 kg, mentre quello di struzzo raggiunge un peso di 1,6 kg.

MEGA isola

Oggi l'Australia ospita alcune delle creature più straordinarie del regno animale; e lo stesso accadeva anche nella preistoria. Poiché l'isola continente è stata isolata per oltre 90 milioni di anni, gli antichi animali terrestri australiani si sono evoluti in modi molto diversi da quelli di altri luoghi. Il risultato è uno spettacolare assortimento di creature gigantesche.

Gigante fluviale

Oggi il carapace delle tartarughe d'acqua dolce difficilmente supera la lunghezza di 90 cm. La meiolania era una grande testuggine australiana quasi tre volte più lunga (fino a 2,4 metri), e dieci volte più pesante (fino a 703 kg). I fossili ci dicono che è sopravvissuta su alcune isole fino a pochi secoli fa, cioè millenni dopo che l'uomo con la caccia ne aveva provocato l'estinzione.

▶ La meiolania aveva un carapace spesso e bombato, e le sue gambe dovevano essere abbastanza forti da permetterle di camminare sulla terraferma.

Varano mostruoso

Meno di 50.000 anni fa, in Australia viveva il più grande varano mai esistito, il megalania. Lungo fino a 7 metri per un peso di circa 454 kg, era due volte più lungo e sette volte più pesante del più grande varano esistente oggi, il drago di Komodo. Aveva un ampio cranio, un corpo basso e largo e una coda lunga e muscolosa. I principali fossili di questo gigante risalgono a circa 30.000 anni fa.

ALTO 2,2 METRI PER UN PESO DI 227 KG, IL PROCOPTODONTE, UN CANGURO DALLA TESTA CORTA, È IL PIÙ GRANDE MAI ESISTITO. COME PER MOLTI ALTRI GIGANTI AUSTRALIANI, LA SUA ESTINZIONE FU PROBABILMENTE CAUSATA DAGLI UMANI, CIRCA 15.000 ANNI FA.

◀ I megalania erano animali spazzini, e probabilmente lottavano tra loro per le carcasse usando le enormi fauci e loro zanne ricurve e seghettate.

Zanne letali

Lungo 1,8 metri per un peso di 150 kg, il leone marsupiale, o *Thylacoleo*, era leggermente più piccolo di un moderno leone. Tuttavia si stima che il suo morso fosse più potente: perfetto per azzannare e spezzare le ossa delle prede, come il gigantesco canguro dalla testa corta.

▼ L'artiglio del pollice del *Thylacoleo* era utile per squarciare rapidamente le prede. Poi, il leone marsupiale si ritirava mentre le vittime morivano dissanguate.

COSA SONO I MARSUPIALI?

L'Australia è famosa per i suoi mammiferi unici, detti marsupiali. I loro cuccioli nascono in una fase molto precoce: sono minuscoli, senza pelliccia, e hanno occhi, orecchie e arti poco sviluppati. Possono solo rifugiarsi nel marsupio della madre per continuare lo sviluppo.

Uccelli del tuono

Oggi sappiamo che un tempo giganteschi uccelli di terra popolavano molte isole. Anche l'Australia aveva il suo: il *Dromornis stirtorni*, o *thunderbird* di Stirton. Ne sono stati rinvenuti solo pochi fossili, ma si stima che questa enorme e muscolosa creatura raggiungesse i 3 metri d'altezza e un peso di 454 kg. Aveva possenti gambe, ottime per la corsa, un corpo massiccio e un forte becco per attaccare le prede.

▲ Il thunderbird di Stirton aveva un becco grande quasi quanto una vasca da bagno, perfetto per catturare e inghiottire le prede, come i cuccioli di canguro.

SAFARI titanico

Qual è il più grande mammifero terrestre mai esistito? Una giraffa, un rinoceronte, o forse un elefante? Sono tutti enormi, certo, ma nessuno di loro è il più grande. Il primato spetta a un cugino dei rinoceronti che visse in diverse aree dell'Asia, oltre 25 milioni di anni fa. È conosciuto per lo più con il nome scientifico di *Paraceratherium*...

Madre mastodontica

Oggi i rinoceronti sono animali per lo più solitari e vivono ciascuno per conto proprio, fatta eccezione per le madri con i loro piccoli. Per uno o due anni, il cucciolo segue la madre, che è uno dei genitori più protettivi e feroci del mondo animale. Se valeva lo stesso per il *Paraceratherium*, pochi predatori avrebbero osato far arrabbiare una madre così imponente, che, spinta dall'istinto materno, avrebbe caricato qualunque potenziale nemico per poi calpestarlo a morte.

Il nome della bestia

Molti esperti contemporanei chiamano il più grande mammifero di terra mai esistito *Paraceratherium*, che significa "bestia quasi cornuta". In passato, quando venivano scoperti dei nuovi fossili, gli scienziati dibattevano sul nome e sulla possibilità che i diversi esemplari appartenessero alla stessa famiglia. Furono proposti diversi nomi, tra cui *Baluchitherium* e *Indricotherium*. La diatriba terminò nel 1989, quando fu proposto di riunire le quattro o cinque specie scoperte sotto il nome di *Paraceratherium*.

▶ I *Paraceratherium* migravano verso zone boschive in cerca di cibo.

Il più alto di tutti

Molti *Paraceratherium* sono noti grazie a fossili ben conservati, in base ai quali gli esperti possono risalire alle dimensioni di esemplari per i quali sono stati rinvenuti meno resti ma più grandi. Grazie a questi dati, sappiamo che potevano arrivare a 10 metri di lunghezza, e che al livello delle spalle raggiungevano un'altezza di 5,5 metri.

▼ Il *Paraceratherium* svetterebbe tra i più grandi animali di terra di oggi.

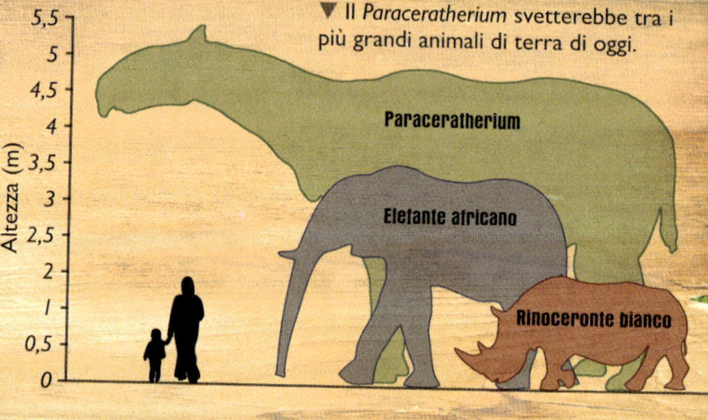

▼ Le zampe lunghe e sottili del *Paraceratherium* gli davano una marcia in più nella ricerca di cibo.

Perché così grande?

Nel corso di milioni di anni, una serie di pressioni evolutive permisero al *Paraceratherium* di raggiungere dimensioni mastodontiche. Per cominciare, appartenendo alla famiglia dei rinoceronti, godeva già di una grossa stazza. Forse molti altri erbivori competevano con quest'animale per la bassa vegetazione. All'epoca, le foglie più alte erano fonti di cibo relativamente poco sfruttate, e così, di generazione in generazione, la selezione naturale favorì le creature con colli e zampe più lunghe. Un corpo più massiccio costituiva inoltre una forma di difesa contro i predatori.

MAMMIFERI GIGANTI

Molti altri mammiferi si sono evoluti diventando enormi. Per esempio il deodonte, o "maiale terribile", vissuto in America del Nord 25 milioni di anni fa, poteva crescere fino a 3,6 metri di lunghezza e pesare fino a 907 kg.

▶ Il deodonte avrebbe dato del filo da torcere al principale predatore dell'epoca, lo ienodonte, un creodonte simile a una iena.

SERPENTI XXL

Con la scomparsa dei grandi dinosauri, alla fine del Cretaceo (66 milioni di anni fa), nuove serie di enormi creature terrestri si evolsero per prenderne il posto. Tra queste c'erano colossali serpenti e giganteschi anfibi.

CONFRONTI SCHIACCIANTI

I più grandi serpenti esistenti oggi sono il pitone reticolato (lungo circa 9 metri) e l'anaconda verde, che arriva a pesare anche 100 kg. Il titanoboa, che apparteneva anch'esso alla famiglia dei serpenti costrittori, li avrebbe superati di gran lunga: era lungo quasi il doppio e forse cinque volte più pesante. Ogni squama sarebbe stata grande quanto una mano.

▼ Il prionosuco aveva un lungo muso, denti affilati e un corpo affusolato.

Anfibio invincibile

In America del Sud, durante il Permiano (299-252 milioni di anni fa) viveva il possente prionosuco. Poteva raggiungere 10 metri di lunghezza, e sembrava un incrocio tra un serpente e un coccodrillo. Tuttavia, non era un rettile ma un anfibio: una versione gigante delle moderne salamandre, che crescono al massimo fino a 1,5 metri.

Colosso tropicale

I fossili di titanoboa provengono dalla Colombia e risalgono al Paleocene (66-56 milioni di anni fa, dopo l'estinzione dei dinosauri). Altri fossili trovati insieme a questi indicano che viveva in un ambiente tropicale, abbastanza caldo da permettere alle creature a sangue freddo, come i rettili, di muoversi e cacciare tutto l'anno. Secondo le stime, il titanoboa poteva raggiungere i 15,2 metri di lunghezza.

▼ Il titanoboa non era solo lungo ma anche molto pesante, arrivando fino a 907 kg.

UNA VITTIMA ENORME POTEVA FORNIRE AL GIGANTESCO TITANOBOA ABBASTANZA CIBO PER UN ANNO INTERO.

Questa roccia ricca di fossili risalente a circa 50 milioni di anni fa contiene vertebre o spine dorsali di paleofide.

▶ L'immenso gigantofide raggiungeva probabilmente gli 11 metri di lunghezza.

Altri supercostrittori

Altri due giganteschi serpenti preistorici erano il paleofide e il gigantofide. Il gigantofide è noto grazie ai fossili trovati in Africa del Nord. Come il titanoboa, era probabilmente un costrittore dalle possenti spire. Il paleofide, lungo fino a 10 metri, viveva in mare, anche se era molto più grande di qualunque serpente marino moderno. I suoi fossili provengono dall'Europa e dal Nord Africa.

I giganti Americani

Proprio come i marsupiali giganti dell'Australia, anche i pesi massimi estinti dell'America del Sud mostrano un'evoluzione di tipo insulare. Infatti, nel corso di 220 milioni di anni, il continente rimase isolato per lunghi periodi; pertanto gli animali autoctoni seguirono delle linee evolutive uniche.

LE IDEE DI DARWIN

Lo scienziato Charles Darwin (1809-1882) rivoluzionò il modo di pensare la vita sulla Terra. Affermò che, nel corso di milioni di anni, animali e piante si erano adattati ai mutevoli ambienti terrestri. Le specie incapaci di modificarsi abbastanza rapidamente scomparivano. Darwin usava i fossili per provare la sua teoria.

Il famoso bradipo gigante

Il megaterio era un bradipo grande quanto un elefante. Camminava sui lati delle zampe poiché aveva dita dotate di artigli lunghi e affilati, che probabilmente usava per difendersi o afferrare le foglie e mangiarle. Il ritrovamento dei suoi fossili in Argentina negli anni 1770 fece molto scalpore. Nel 1796, Georges Cuvier lo battezzò megaterio, che significa semplicemente "grande bestia".

▲ Il megaterio è imparentato con i moderni bradipi arboricoli, ma era molto più grande: poteva raggiungere una lunghezza di 6 m e un peso di 4 t.

Darwin scoprì il primo fossile di *Macrauchenia* nelle pianure del Sud America.

Darwin iniziò a formulare le sue idee sull'evoluzione a partire dai fossili del gigantesco megaterio.

Un bizzarro ruminante

La *Macrauchenia* sembrava un incrocio tra un cavallo e un cammello, ma apparteneva alla famiglia dei mammiferi ungulati detti litopterni, vissuti solo in America del Sud. Con i suoi 3 metri d'altezza e una stazza notevole, costituiva un lauto pasto per predatori come lo smilodonte, la tigre dai denti a sciabola. Era un erbivoro brucatore, e probabilmente sviluppò il caratteristico naso a proboscide per afferrare le foglie dagli alberi.

▲ La *Macrauchenia* viveva in grandi branchi nelle pianure sudamericane fino a 20.000 anni fa.

I fossili di gliptodonte mostrano come la corazza di questo animale fosse composta da tante piccole placche ossee.

Uccelli terrificanti

I forusracidi erano una famiglia di enormi uccelli carnivori non volatori. Sono stati soprannominati "uccelli del terrore" poiché erano dei feroci cacciatori. La specie più conosciuta è quella del *Kelenken* dell'Argentina, il cui becco ricurvo era lungo più di 45 cm. Il *Kelenken* pesava ben 228 kg e poteva crescere fino a 3 metri in altezza.

◀ Il *Phorusrhacos* era un altro "uccello del terrore", qui mostrato nel bel mezzo di una caccia. Raggiungeva un'altezza di 2,5 metri.

Il dedicuro, un cugino del gliptodonte, aveva una coda a forma di mazza chiodata, che poteva pesare quanto un uomo adulto.

Un'armatura gigantesca

Il gliptodonte somigliava a un enorme armadillo. Passeggiava tranquillo masticando piante, protetto dal suo carapace osseo che ricopriva anche la testa e la coda. Pesava ben 1,9 tonnellate ed era lungo 3,3 metri: aveva all'incirca le dimensioni e la forma di un'utilitaria.

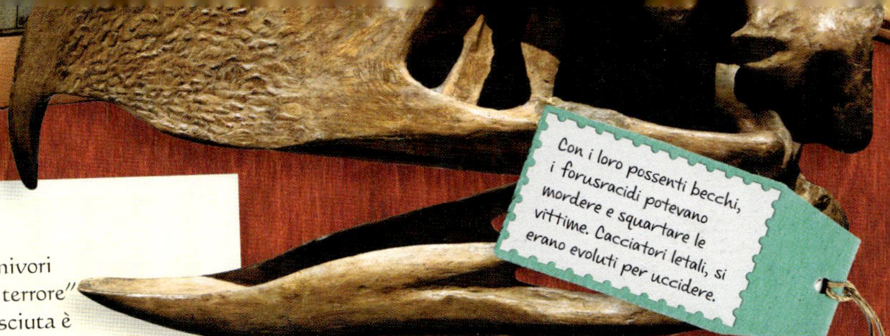

Con i loro possenti becchi, i forusracidi potevano mordere e squartare le vittime. Cacciatori letali, si erano evoluti per uccidere.

Bestie immense

Grosso e tozzo, il toxodonte era uno dei ruminanti più grandi dell'America del Sud. Ricordava il moderno rinoceronte eurasiatico e nordamericano, ma conobbe una linea evolutiva diversa. Aveva uno scheletro enorme per sostenere il massiccio corpo, e una grossa gobba sulla schiena.

I fossili di cranio del toxodonte mostrano che i molari non smettevano mai di crescere.

▲ Il toxodonte poteva essere lungo quasi 2,7 metri, raggiungendo dimensioni simili a quelle di un odierno ippopotamo.

Mammut **MONUMENTALI**

I mammut sono i giganteschi antenati estinti dei moderni elefanti. Sono state trovate loro tracce in diverse aree del mondo: a sud fino al Messico e a nord fino all'Alaska. I resti meglio conservati sono stati rinvenuti in Siberia, dove i loro corpi sono rimasti congelati per millenni.

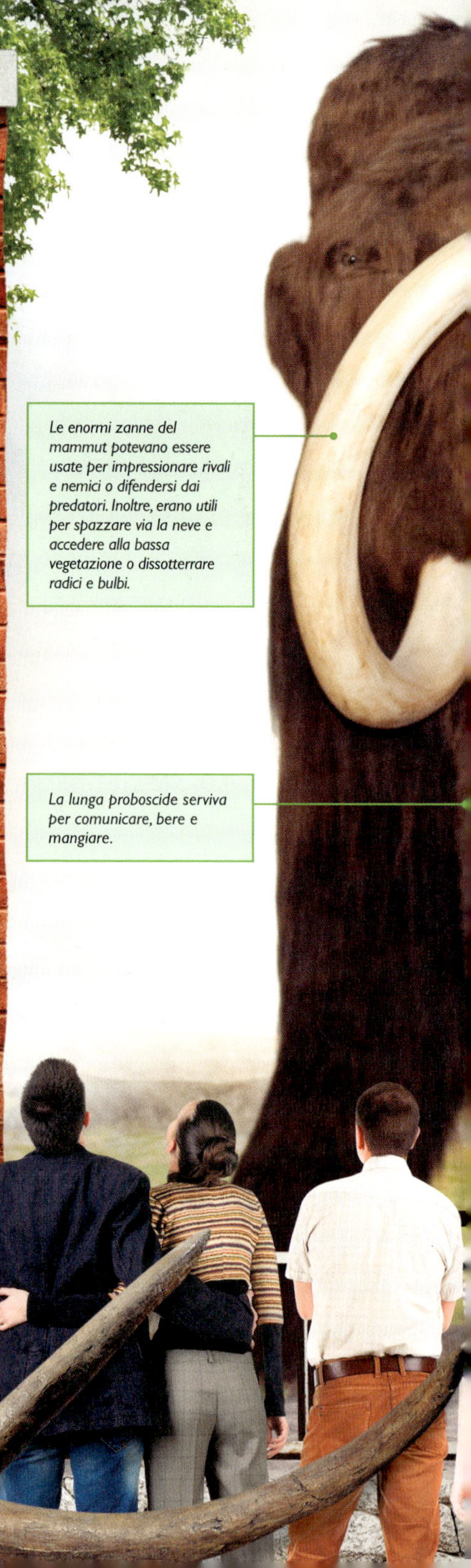

Le enormi zanne del mammut potevano essere usate per impressionare rivali e nemici o difendersi dai predatori. Inoltre, erano utili per spazzare via la neve e accedere alla bassa vegetazione o dissotterrare radici e bulbi.

La lunga proboscide serviva per comunicare, bere e mangiare.

Elefanti epici

La famiglia degli elefantidi o proboscidati esiste da oltre 60 milioni di anni. I primi esponenti erano grandi come cani, ma presto svilupparono enormi corpi, zanne e proboscidi. Queste immani caratteristiche rendevano i mammut forti e possenti e, di conseguenza, consentivano a questi animali di dominare sulle altre specie erbivore nella competizione per il cibo.

◀ La proboscide di un mammut delle steppe maschio poteva raggiungere anche i 5,5 metri di lunghezza.

LA GROSSA STAZZA DEL MAMMUT LO AIUTAVA A MANTENERE UNA TEMPERATURA COSTANTE ANCHE IN CONDIZIONI DI FREDDO ESTREMO.

UNA GRANDE FAMIGLIA

La famiglia degli elefantidi ha visto avvicendarsi centinaia di specie, ma oggi ne sopravvivono solo tre: l'elefante africano di savana, l'elefante africano di foresta e l'elefante asiatico. Alcuni loro antenati avevano zanne ricurve verso il basso, e talvolta rivolte all'indietro. Le proboscidi variavano da lunghe e sinuose a corte e larghe come pale.

PARENTI GIGANTI

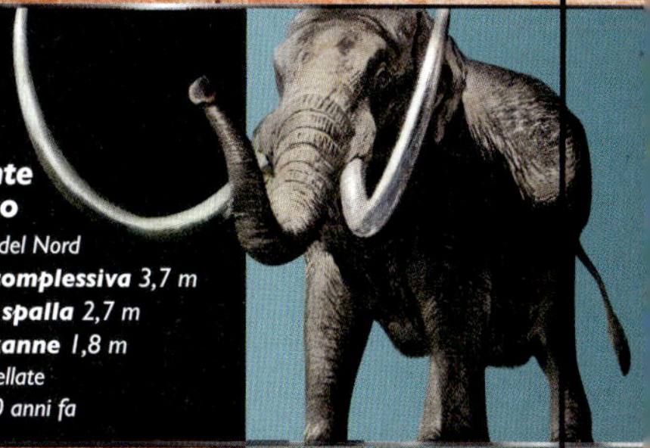

Mastodonte americano

Area *America del Nord*
Lunghezza complessiva *3,7 m*
Altezza alla spalla *2,7 m*
Lunghezza zanne *1,8 m*
Peso *6,3 tonnellate*
Epoca *11.000 anni fa*

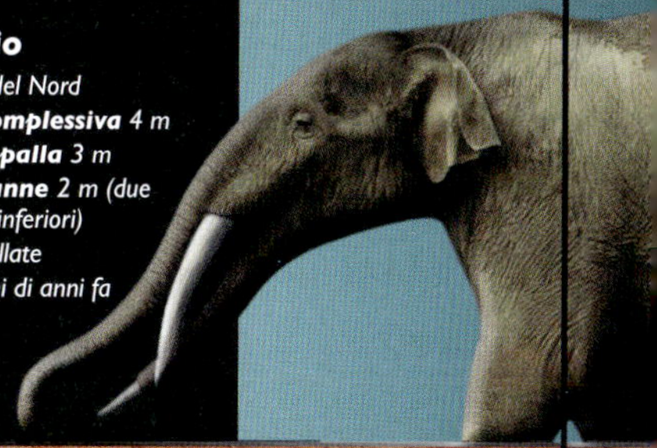

Gomfoterio

Area *America del Nord*
Lunghezza complessiva *4 m*
Altezza alla spalla *3 m*
Lunghezza zanne *2 m (due superiori e due inferiori)*
Peso *5,4 tonnellate*
Epoca *6 milioni di anni fa*

Deinoterio

Area *Europa, Africa, Asia*
Lunghezza complessiva *5,2 m*
Altezza alla spalla *4 m*
Lunghezza zanne *1,2 m (curvate verso il basso)*
Peso *9 tonnellate*
Epoca *1 milione di anni fa*

Sovrani delle steppe

Il mammut delle steppe (*Mammuthus trogontherii*) era molto più grande di qualunque elefante moderno, e probabilmente anche di qualsiasi altro mammut. La sua lunghezza totale, dalla punta della proboscide alla coda, poteva raggiungere 13,7 metri, con un'altezza al livello della spalla di 4,9 metri. Poteva pesare anche più di 12 tonnellate.
Circa mezzo milione di anni fa, i mammut delle steppe vivevano nelle vaste praterie, o steppe, tipiche nel nord dell'Europa e dell'Asia.

SQUALO CONTRO BALENA

Due mostri marini supremi, il megalodonte e il *Livyatan*, dominavano gli oceani 12 milioni di anni fa. Questi divoratori degli abissi sono tra le creature più feroci ad aver mai popolato i mari. Ma cosa sarebbe successo se questi due colossi si fossero ritrovati faccia a faccia?

MEGALODONTE

Nome scientifico *Carcharodon megalodon*
Classificazione 1843
Significato "Grande dente"
Peso 45 tonnellate
Lunghezza 16 m
Apertura delle mascelle 3,4 m
Lunghezza dei denti 16 cm
Velocità massima stimata 56 km/h
Agilità Media

Due mega predatori

Nel Miocene medio, l'era del megalodonte e quella del *Livyatan* si sovrapposero, e per un periodo i due colossi nuotarono entrambi negli oceani. Il megalodonte, lo squalo colossale, era un predatore oceanico affermato, e sarebbe sopravvissuto altri 10 milioni di anni. I fossili della gigantesca balena, il *Livyatan*, sono molto rari, e finora sono stati ritrovati solo in Perù.

All'angolo dei mammiferi...

Il concorrente *Livyatan* era massiccio quasi quanto il più grande predatore oceanico vivente oggi, il capodoglio, che può pesare fino a 59 tonnellate. Nel Miocene, il *Livyatan* era il più grosso cacciatore dei mari, insieme al suo eterno rivale, il megalodonte. L'imponente balena preistorica è stata battezzata *Livyatan melvillei* in omaggio a Herman Melville, autore di un'emozionante e avventurosa storia su un capodoglio di nome Moby Dick, pubblicata nel 1851.

PRO E CONTRO

Come tutte le balene, oltre ad avere una stazza imponente, il *Livyatan* era a sangue caldo e respirava aria, quindi nelle acque più fredde nuotava più veloce del megalodonte, ma poteva rischiare di affogare se veniva bloccato sott'acqua o non riusciva a salire in superficie. La sua intelligenza flessibile di mammifero avrebbe potuto aiutarlo ad avere la meglio sull'avversario.

PRO E CONTRO

I denti del megalodonte erano incredibilmente affilati, e il suo morso era uno dei più potenti di tutto il regno animale. Nuotava rapidamente nei mari caldi, e i suoi sensi erano molto affinati; ma le temperature fredde lo rallentavano, e la sua intelligenza era troppo ridotta per consentirgli di prendere decisioni strategiche in battaglia.

All'angolo dei pesci...

Il megalodonte nuotava negli oceani da 25 a 1,5 milioni di anni fa, ed era una versione gigante del moderno squalo bianco; pertanto, possiamo immaginare il suo stile di vita e di caccia a partire da ciò che sappiamo sul suo cugino più piccolo. Come il *Livyatan*, il megalodonte attaccava qualunque forma di vita marina: pesci, calamari, piccole balene, delfini, foche, leoni marini, tartarughe, lamantini, uccelli marini, e così via. Il megalodonte sopravvisse per oltre 20 milioni di anni, diventando così uno dei più affermati megapredatori della storia.

LIVYATAN

Nome scientifico *Livyatan melvillei*
Classificazione 2010
Peso 49 tonnellate
Lunghezza 15,5 m
Lunghezza delle mascelle 2,7 m
Lunghezza dei denti 35 cm
Velocità massima stimata 40 km/h
Agilità Medio-bassa

Scontro all'ultimo sangue

In un ipotetico scontro tra questi due giganti, il megalodonte avrebbe tentato una carica frontale, usando i suoi denti aguzzi per attaccare rapidamente sperando di sfondare o mordere la sottile mandibola dell'avversario, prima di ritirarsi per aspettare che si indebolisse. Ma il *Livyatan* sarebbe potuto passare al contrattacco con un tremendo colpo delle sue enormi pinne caudali, per poi girarsi e usare i suoi colossali denti!

MEGAFAUNA dell'era glaciale

Nel corso della preistoria ci sono state diverse ere glaciali. La più recente è durata gran parte degli ultimi 100.000 anni e ha ricoperto di ghiaccio e neve molte terre del nord. Queste freddissime regioni erano abitate da grandi mammiferi di ogni genere, riuniti sotto il nome di megafauna dell'era glaciale, che riuscirono a adattarsi perfettamente ai venti gelidi e alla spessa coltre di neve.

La circonferenza della proboscide del mammut lanoso misurava quasi 4,9 metri.

▼ Con le sue 3,1 tonnellate di peso e i suoi 3,6 metri di lunghezza, il rinoceronte lanoso era secondo per stazza solo ai mammut e alla loro stirpe elefantina.

Il rinoceronte lanoso aveva due corna nasali. Quella anteriore, più ricurva, era lunga circa 90 cm.

▶ Il gigantesco orso dal muso corto scomparve circa 11.500 anni fa.

Al calduccio

Una pelliccia lunga e folta era una grande risorsa per gli animali dell'era glaciale. Il rinoceronte lanoso era uno dei più pelosi, con un manto spesso fino a 12,7 cm, come mostrano gli esemplari congelati ritrovati nei ghiacci siberiani. Le pitture rupestri mostrano uomini primitivi che cacciano questi rinoceronti con lance e altre armi; questo potrebbe aver causato la loro estinzione, circa 10.000 anni fa.

Il grande freddo

Oggi gli orsi più grandi (il grizzly e l'orso polare) vivono in luoghi freddi. Secondo un principio naturale detto regola di Bergmann, all'interno di una famiglia animale, come quella degli orsi o degli elefanti, le specie più grandi si trovano negli ambienti più freddi. Più grande è l'animale, minore sarà il rapporto superficie/volume, consentendo una dispersione del calore più lenta. Non a caso, l'orso dal muso corto era lungo 2,4 metri e pesava oltre 1,1 tonnellate.

Con un robusto collo, una grossa testa e zampe e artigli enormi, l'orso dal muso corto era ben equipaggiato per la caccia.

A volte ritornano

Uno dei mammiferi più noti dell'era glaciale è il mammut lanoso. Era ricoperto di peli lunghi fino a 90 cm per conservare il calore corporeo a temperature sottozero. Grazie ai progressi della genetica, questo animale estinto, insieme ad altri, un giorno potrebbe essere riportato in vita. Per farlo è necessario un campione completo del suo DNA, che potrebbe essersi conservato nei luoghi in cui i mammut e altre creature simili rimasero congelati tra i ghiacci del profondo nord.

Il mammut Yuka aveva più o meno 10 anni ed era lungo 3 metri. Si è conservato perfettamente per circa 40.000 anni.

GLI ANIMALI DELL'ERA GLACIALE SI SONO ESTINTI NEGLI ULTIMI 20.000 ANNI A CAUSA DI UN RAPIDO RISCALDAMENTO DEL CLIMA TERRESTRE.

Le tigri dai denti a sciabola avevano una struttura fisica possente e muscolosa, ed erano alte 1,2 metri al livello della spalla.

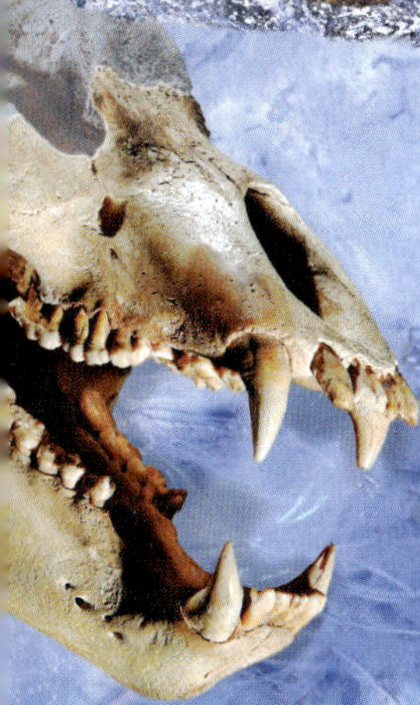

Denti come spade

Le grosse prede dell'era glaciale, come mammut, cervi e bisonti giganti, erano cacciate da predatori altrettanto grandi. La tigre dai denti a sciabola, o smilodonte, viveva nelle Americhe e superava di gran lunga le dimensioni del felino più grande esistente oggi, la tigre siberiana, con una lunghezza complessiva di 2,1 metri per un fenomenale peso di 381 kg. I denti dello smilodonte, ricurvi e simili a spade, erano molto più impressionanti di quelli delle odierne tigri: lunghi 30 cm, erano perfetti per cacciare e squarciare la carne delle vittime.

La specie più grande di smilodonte era lo *Smilodon populator*, esistito forse fino a 10.000 anni fa.

Animali STRAORDINARI

Nella lotta per la sopravvivenza, molte creature ricorrono a soluzioni estreme per imporsi sulle altre.

◀ La raganella dagli occhi rossi ha una sottile membrana che ricopre parzialmente i suoi occhi sgargianti, permettendole di vedere e, al tempo stesso, restare mimetizzata.

Bella MOSSA!

Tutti gli animali hanno bisogno di spostarsi per cercare cibo, trovare riparo, scappare dai nemici e, naturalmente, incontrare l'anima gemella. Ci sono creature che camminano, corrono, volano o nuotano, a seconda del loro habitat, ma alcune si muovono in modi inaspettati, per esempio volando con i piedi!

Prodezze pedestri

Dai ghepardi ai cervi, dagli struzzi agli scarafaggi, le zampe lunghe e sottili sono un tratto distintivo dei grandi corridori. Ci sono molti modi di spostarsi sulle zampe: salti da canguro, balzi da cavalletta, saltelli da pulce. Esistono perfino lucertole e insetti che camminano sull'acqua. Tuttavia, solo poche creature sono bipedi. Una lucertola spaventata può alzarsi brevemente sulle zampe posteriori, e un orango può incedere lentamente lungo un ramo, ma solo pochi eletti (uccelli e umani) godono della postura eretta e del delicato equilibrio necessario a camminare su due piedi.

▲ Il sifaka, un grande lemure del Madagascar, allarga le braccia per tenersi in equilibrio mente si sposta con brevi balzi laterali.

▲ Il saltafango usa le vigorose pinne pettorali per trascinarsi su terreni fangosi e soggetti alle maree. Quando è in pericolo, si solleva in aria con tutto il corpo per mettersi in salvo.

Acrobati d'emergenza

◀ Solitamente, le rane usano le loro zampe palmate per darsi la spinta mentre nuotano. Tuttavia, la rana volante del sud-est asiatico fluttua nell'aria con i suoi mini-paracadute palmati che aumentano l'attrito e rallentano la discesa.

C'è una netta differenza tra il volo degli uccelli e un azzardato salto nel vuoto, in cui solo grazie a dei lembi di pelle si può evitare di schiantarsi al suolo. Scoiattoli, lucertole, rane e serpenti "volanti" non volano davvero, ma planano. Usano questa abilità soprattutto in casi di emergenza, e per rallentare la caduta creano un'ampia superficie, spesso aprendo dei lembi di pelle che fanno attrito con l'aria. Per direzionarsi basta qualche inclinazione o rotazione, e un atterraggio un po' brusco è sempre preferibile a finire nelle grinfie di un predatore.

CON UN RECORD DI OLTRE 105 KM/H, IL PESCE VELA È IL NUOTATORE PIÙ VELOCE DEL MONDO.

▶ Avanzando a grandi e veloci falcate sulle zampe posteriori e grazie alle sue dita parzialmente palmate, il basilisco riesce a correre sull'acqua senza affondare.

Sport acquatici

Corpi muscolosi ed energici colpi di pinne conferiscono rapidità ai pesci; le specie più veloci, come il pesce vela, hanno code rigide e sottili a forma di mezzaluna. Le pinne si adattano a essere usate per muoversi anche fuori dall'acqua, come nel caso del ghiozzo e del pesce gatto che cammina. Le ali degli uccelli hanno una forma simile a quella delle pinne, e difatti alcuni le usano anche per darsi la spinta in acqua. Il martin pescatore e il merlo acquaiolo possono "nuotare" per breve tempo, mentre i pinguini hanno rinunciato del tutto al volo in favore del nuoto.

▲ Usando le ali sia come timone sia come freno, il martin pescatore colpisce sott'acqua con incredibile precisione.

SENSI speciali

Intorno a noi ci sono più suoni, colori e odori di quanti potremmo mai immaginare. Diverse specie animali possono sintonizzarsi con questa miriade di stimoli grazie ai loro straordinari supersensi. Molti animali dipendono quasi interamente da un senso dominante: un pipistrello non può sopravvivere senza orecchie, come un formichiere non può fare a meno delle narici.

▶ I formichieri giganti fiutano le loro minuscole prede a oltre 45 metri di distanza.

▼ Il maschio del maggiolino ha delle antenne piumate che avvertono i feromoni (particelle odorose) emessi dalle femmine a chilometri di distanza. Questi messaggi ormonali comunicano ai maschi che le femmine sono pronte per l'accoppiamento.

Fiuto infallibile

Un orso polare può fiutare una carcassa di foca fino a 7 km di distanza, mentre un umano avrebbe bisogno di trovarsi nel raggio di 90 metri per avvertire appena un vago tanfo di putrefazione. Orsi, lupi e cani hanno un olfatto di gran lunga più sviluppato di quello degli umani poiché possiedono oltre 200 milioni di microscopiche cellule olfattive, contro i cinque milioni delle nostre. L'olfatto non serve solo a fiutare il cibo: senza di esso, gli elefanti morirebbero di sete, i leoni non potrebbero marcare il proprio territorio e molte falene e scarafaggi non riuscirebbero a individuare gli odori che i potenziali compagni rilasciano per comunicare la propria disponibilità all'accoppiamento.

▲ Il pipistrello si orienta grazie all'ecolocazione: squittisce e ascolta l'eco per localizzare gli oggetti presenti lungo il percorso. Le grandi orecchie lo aiutano a captare questi suoni. Se tra le orecchie e il corpo umano ci fossero le stesse proporzioni esistenti nei pipistrelli, ogni orecchio sarebbe grande quanto il coperchio di una pattumiera!

ANIMALI CONTRO UMANI

RINOCERONTE Si stima che abbia una vista cinque volte inferiore a quella di un umano: non riesce a distinguere un altro rinoceronte da una jeep a 90 metri di distanza. Tuttavia, il suo olfatto è dieci volte più sviluppato del nostro.

AQUILA Ha una vista dieci volte superiore alla nostra: può vedere un coniglio a oltre 3 km di distanza.

PIPISTRELLO Grazie al suo udito, può percepire vibrazioni dieci volte più veloci di quelle udibili dagli umani, come il battito d'ali di un moscerino.

FALENA Ha un olfatto oltre 10.000 volte più sensibile del nostro: può fiutare il nettare di un fiore che un umano non riuscirebbe a vedere neanche alla luce del giorno!

Senti, senti...

Un suono percepito come basso da un umano potrebbe risultare assordante per un gufo o un pipistrello. Questi animali hanno molti più microsensori uditivi di noi, e muovono con molta attenzione la testa e le orecchie per ricevere quante più onde sonore possibile e individuare così la posizione degli oggetti. Le orecchie non si trovano sempre sulla testa: alcuni insetti, come le cavallette e i grilli, le hanno sulle ginocchia, e alcuni pesci "sentono" attraverso le vesciche natatorie.

▲ Localizzare una preda è un gioco da ragazzi per il ragno saltatore, dotato di otto occhi: due enormi per vedere gli oggetti a colori e nel dettaglio, e altri sei per captare i movimenti e creare un ampio campo visivo.

Vedere l'invisibile

Gli occhi di alcuni animali possono vedere i raggi infrarossi e ultravioletti, entrambi al di fuori dello spettro visibile all'occhio umano. Gli insetti sono particolarmente sensibili a queste frequenze. I petali che per noi sono di colore uniforme, a un'ape appaiono ricoperti di linee ultraviolette che puntano verso il dolce nettare all'interno del fiore. Anche alcuni pesci hanno una vista molto sviluppata. I piranha possono vedere il caldo bagliore infrarosso di un mammifero, per poi lanciarsi all'attacco.

Il fattore DISGUSTO

Certi animali hanno abitudini disgustose. Per scoraggiare i predatori, spruzzano vomito o escrementi, sputano saliva e schizzano sangue da vasi sanguigni aperti. Quanto al cibo, non sono certo esperti di galateo: sventrano le prede creando un lago di sangue. Alcuni fanno persino merenda con le feci.

LA LUCERTOLA CORNUTA PUÒ SPRUZZARE SANGUE DAGLI OCCHI CONTRO I NEMICI FINO A 1,5 METRI.

Difese repellenti

Vomito, bava, urina, feci, sputo e pus possono essere urticanti, causare infezioni ed emanare odori nauseanti. Alcuni animali ne approfittano sfruttando i propri fluidi corporei per costringere i nemici a indietreggiare o ritirarsi. Il cetriolo di mare, dall'aspetto così innocente, lancia contro gli aggressori le sue stesse interiora (appiccicosissime!), mentre diversi uccelli sparano vomito contro i nemici a più di un metro di distanza.

▼ Le lucertole più grandi del mondo hanno molto appetito. Questi draghi di Komodo banchettano con una carcassa di delfino, gustando il grasso e le interiora piene di pesce semidigerito. I draghi di Komodo maschi possono raggiungere i 3 metri di lunghezza.

Frenesia alimentare

Prima di poter accedere a una montagna di cibo, predatori e spazzini restano in attesa. Una balena morente viene seguita da squali, orche e uccelli marini, mentre un elefante malato attira iene, sciacalli e avvoltoi. Non appena il primo si fa coraggio e va a prendersi un boccone, tutti gli altri si avventano per afferrare quello che possono. Si scatena così una delirante, cruda e sanguinosa frenesia alimentare, in cui ognuno scalcia e sgomita per accaparrarsi la parte migliore prima che non resti più nulla.

Nascite rivoltanti

I cuccioli degli animali possono nascere nelle condizioni più disgustose. Alcune vespe parassitoidi iniettano le loro uova nelle viscere dei bruchi, e quando si schiudono le larve divorano l'ospite dall'interno. Gli scarabei stercorari vengono alla luce dentro palle di escrementi. I girini di rospo del Suriname si sviluppano all'interno della schiena della madre, sottopelle. Altre rane creano una spuma con un miscuglio di saliva, bava, sperma ed escrementi per deporvi le uova.

▼ Dei maschi di raganella grigia si accalcano attorno a una femmina e usano i loro fluidi corporei per creare un nido di spuma, in cui lei deporrà la covata.

Nutrimento nauseabondo

Sterco, letame ed escrementi possono avere un aspetto e un odore disgustosi. Tuttavia, molti animali hanno una digestione poco efficace, perciò le loro feci contengono spesso molti nutrienti. I mangiatori di sterco di solito lo preferiscono fresco, prima che muffa, germi e mosche contaminino la massa in decomposizione.

▲ Un avvoltoio collorosso divora rapidamente le feci ricche di pesce di un'otaria.

Spietati PREDATORI

Gli animali nati per uccidere sono temuti per le loro armi letali. Questi spietati predatori squarciano le loro vittime con denti, zanne e artigli micidiali, divorando facilmente carne, ossa e sangue: neppure un morso va sprecato.

Vecchio lupo di mare

Il lupo di mare è lungo 1,5 metri ed è riconoscibile dal gran numero di denti. Ne ha circa 100: quelli anteriori sono simili a zanne, quelli posteriori sono larghi per masticare meglio le prede, e continuano fino alla gola. Le sue vittime più comuni sono molluschi, stelle marine, granchi e ricci di mare, e le uccide stritolandole.

WANTED

Sean Tooth
l'alligatore

Lungo 4,6 metri, questo alligatore è ricercato per aver annegato innumerevoli prede trascinandole sott'acqua. Le vittime includono tartarughe, serpenti, uccelli acquatici e mammiferi fino alla stazza del cervo. Attenzione: è armato e pericoloso, con 50 denti conici e mascelle potentissime. Non avvicinarsi.

WANTED
RICOMPENSA 2.000$

CLINT ORSON
IL GRIZZLY

Dall'alto dei suoi 3 met il grizzly è un cacciator formidabile. Le sue arm includono denti e ma scelle possenti, zampe enormi e artigli ricurvi. Queste caratteristiche, insieme a peso, potenza e vigore fenomenali, parlano chiaro: nessuno è al sicuro. Il grizzly attacca qualsiasi creatura fino alla taglia dell'alce, e non molla mai.

JOE WENOM LA VIPERA DEL GABON

La vipera del Gabon è lunga ben 2 metri. Topi, ratti, uccelli e altre creature di piccola taglia sono stati trovati morti, con segni di ferite da puntura. Questo assassino a sangue freddo colpisce alla velocità della luce, trafiggendo la vittima con i lunghi denti retrattili e iniettandole il suo veleno mortale. Poi aspetta che la vittima muoia per arresto cardiaco (il cuore cessa di battere).

WANTED
VIVO O MORTO
BOBBY GHIGNO LO SQUALO TORO

In agguato nell'oscurità degli abissi e lungo 3,5 metri, lo squalo toro attacca all'improvviso, cogliendo di sorpresa le vittime. Pesci, calamari, molluschi e granchi finiscono spesso tra le fauci di questo pericolo pubblico.

SHERIFF

WANTED

Un vero maestro dell'agguato, questo assassino lungo 2,4 metri si mimetizza tra l'erba, braccando la preda prima di piombarle addosso. Armato di enormi canini e taglienti molari, uccide le vittime azzannandole alla gola, per poi sventrarle con gli affilati artigli ricurvi. Dalle gazzelle alle antilopi, dai ratti agli scarafaggi, non esiste "bersaglio" troppo grande o troppo piccolo per questo feroce felino: è un killer professionista.

TEDDY GRINTA IL LEONE

I BABBUINI UCCIDONO SPESSO I PROPRI SIMILI PER ASSUMERE IL COMANDO DEL BRANCO.

DIFESE letali

La foresta è quasi completamente buia e silenziosa. Una creatura segue furtivamente la sua preda. Si apposta, pronta a scattare, quando… AAAH! All'improvviso, due occhi enormi brillano nell'oscurità. Un grande felino? Un serpente? Un gufo? No, sono solo ocelli (falsi occhi), una delle tante tattiche di difesa usate dagli animali.

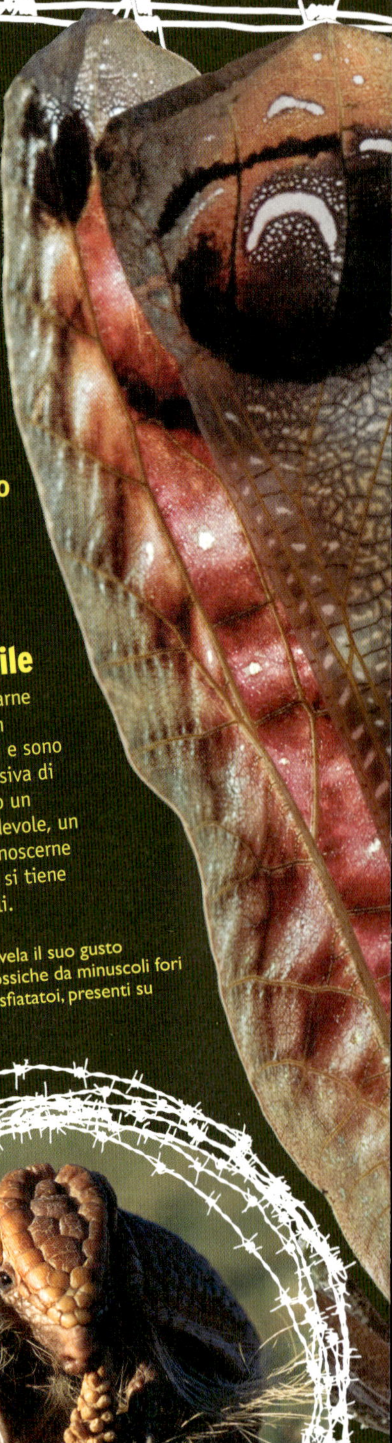

Un gusto terribile

Un gusto orribile o una carne velenosa costituiscono un deterrente per i predatori e sono un'ottima strategia difensiva di gruppo. Dopo aver morso un animale dal sapore sgradevole, un cacciatore impara a riconoscerne tratti, colori e motivi, e si tiene alla larga da prede simili.

◀ La cavalletta africana rivela il suo gusto orribile soffiando bolle tossiche da minuscoli fori per la respirazione, detti sfiatatoi, presenti su tutto il suo corpo.

Armature animali

Alcune creature non sono abbastanza veloci per sfuggire ai nemici, né hanno difese repellenti per allontanarli. In compenso, sono dotate di una corazza: è il caso di animali come granchi, vongole, lumache, armadilli e pangolini. Non devono fare altro che chiudersi dentro e aspettare che il pericolo sia passato.

▶ L'armadillo a tre fasce è ricoperto di squame ossificate, rivestite a loro volta di scaglie cornee di cheratina. La sua corazza è così flessibile che può chiudersi completamente a palla per sfuggire ai predatori.

◀ La *Pterochroza ocellata* (un tipo di cavalletta) spiega improvvisamente le ali per mostrare gli enormi ocelli sul retro e spaventare i potenziali aggressori.

FARE IL MORTO

Quando si sente minacciato, l'opossum della Virginia si accascia su un fianco, tira fuori la lingua ed emette fluidi puzzolenti dall'ano e un tanfo di morte. Credendolo morto, nessun predatore lo mangerà.

Il grande bluff

La mimetizzazione è un'ottima tattica difensiva. Animali dai colori simili a quelli del loro habitat possono restare immobili e sperare di passare inosservati. Ma che fare se si viene individuati? Il trucco è sfoggiare tutte le proprie difese: sollevarsi, fingersi più grandi, sfoderare le armi, emettere versi, agitarsi e cercare di sembrare il più possibile spaventosi e non commestibili.

▶ Se il suo travestimento viene scoperto, la mantide fantasma si solleva in tutta la sua altezza, spiega le ali e apre come un coltello a serramanico i terrificanti e spinosi arti anteriori per apparire ancora più minacciosa.

Giovani e vecchi

Perché gli elefanti vivono più a lungo delle mosche? Queste creature sono ai poli opposti di un immenso spettro di strategie di sopravvivenza: i primi si sviluppano lentamente, fanno pochi cuccioli e se ne prendono molta cura; le seconde hanno una vita intensa e breve, si accoppiano spesso e generano molti figli, ma senza accudirli.

Camaleonte di Labord

Questo animale è il meno longevo di tutti i vertebrati a quattro zampe, e ha un ciclo vitale perfettamente coordinato con i cambiamenti stagionali del Madagascar. Vive soltanto un anno, trascorrendo otto mesi nell'uovo e solo quattro nella sua forma adulta.

Artemia

Gli adulti depongono delle robuste uova prima che il lago salato in cui vivono si prosciughi durante l'estate. In autunno, quando inizia a piovere, le uova si schiudono e danno vita a una nuova generazione.

Effimera

L'effimera trascorre un anno o due sott'acqua allo stadio ninfale, poi emerge e muta per mostrare le splendide ali, si accoppia in volo e muore, il tutto nel giro di 24 ore.

Ape operaia

Giorni e giorni di lavoro duro e incessante logorano rapidamente le api operaie, mentre l'ape regina, che depone le uova, può vivere fino a cinque anni.

50!

Ara

Molte specie di pappagalli possono vivere anche 50 anni. La loro intelligenza (insieme alla forza del becco e degli artigli) contribuisce alla longevità di questi uccelli.

AUGURI DI BUON COMPLEANNO!

70 anni

Elefante

Le dimensioni e la forza lo difendono dai leoni e da altri nemici, mentre grazie ai legami di famiglia i membri più giovani e vulnerabili della mandria sono ben protetti dalle femmine del gruppo.

175

supercompleanno!

Tartaruga gigante

Chi va piano va sano e va lontano! Vivere senza fretta, con la flemma di un rettile, cibo in abbondanza, pochi predatori naturali e una robusta corazza è un'ottima ricetta di longevità.

220 OGGI

220

TANTI AUGURI!

Vongola atlantica

Questo mollusco detiene il record per la vita più lunga... e forse anche per quella più noiosa: trascorre secoli immobile sul buio fondale marino.

400 OGGI!

Carpa koi

Questi splendidi e amatissimi pesci ornamentali vengono spesso scelti come animali domestici perché sono molto longevi, oltre ad avere dei colori stupendi.

Ora di CENA

In natura, gli animali non sanno quando arriverà il pasto successivo, perciò divorano avidamente qualunque snack. In presenza di una montagna di cibo, alcune specie mangiano quasi fino a scoppiare: potrebbe essere la loro unica occasione per riempirsi lo stomaco.

▶ La balenottera di Bryde passa le giornate a filtrare dall'acqua minuscole creature come krill e piccoli pesci. La sua dieta giornaliera prevede fino a 2,7 tonnellate di cibo, l'equivalente di quanto assume un umano in sette o otto anni.

▼ Questa rana toro africana non ha denti e non può fare a pezzi né masticare il topo che ha catturato. In compenso, rane e rospi si nutrono spalancando la bocca e ingoiando le prede intere.

In un sol boccone

Molte creature sono strutturate per mangiare grandi quantità di cibo in un'unica volta. Per farlo sfruttano varie caratteristiche, da stomaci molto flessibili a mascelle dislocate. Nemici e spazzini sono sempre in agguato, quindi è meglio nutrirsi in fretta, divorando rapidamente la preda o inghiottendola intera. Dopo essersi ingozzati, questi ingordi possono nascondersi alla larga dai pericoli per digerire.

Pratiche dispense

Alcuni animali conservano il cibo in eccesso per un secondo momento, per evitare gli sprechi e prepararsi ai periodi di magra. Gli scoiattoli sotterrano le noci, i coccodrilli incastrano le gazzelle tra le rocce sott'acqua e le tigri ricoprono le carcasse di cervo di terreno e foglie. Grazie a questi ingegnosi metodi, queste creature avranno più possibilità di sopravvivere in tempi difficili.

▶ Il leopardo può trasportare una preda tre volte più pesante di lui in cima a un albero, al riparo da spazzini come gli sciacalli.

▼ Questi grifoni dorsobianco si affrettano a beccare i bocconi più succulenti da una giraffa morta, prima che arrivi un branco di iene.

La caccia degli spazzini

La carne vecchia è comunque una buona fonte di nutrimento, perciò le grandi carcasse attraggono tantissimi di spazzini. I più veloci (gli avvoltoi in volo) e i più feroci (i clan di iene) si aggiudicano le parti migliori. Seguono a ruota spazzini minori, come gli sciacalli.

▶ Dopo un inseguimento rapidissimo e movimentato, la foca leopardo azzanna la vittima con i suoi affilati canini. Mentre il pinguino si indebolisce, la foca mastica di gusto e trangugia la sua carne grassa e saporita.

Licenza di mordere

I predatori devono scegliere con cura quali prede puntare e come affrontarle. Se un animale ha appena mangiato, potrebbe sentirsi pieno e fiacco e rinunciare a cacciare un'altra grossa preda. Un cacciatore valuta anche l'animale che ha davanti: è sano e forte, oppure (ancora meglio) è troppo giovane, vecchio o malato per difendersi efficacemente? L'attacco deve essere rapido e decisivo, poiché in natura anche una ferita leggera può pregiudicare le abilità di un predatore.

Qual è **l'animale** perfetto?

Ogni specie si adatta magnificamente al proprio habitat e stile di vita, ma le peculiarità di alcuni animali mostrano una capacità di adattamento superiore a quella di altri loro simili. Se provassimo a riunire tutte queste prerogative eccezionali in una sola creatura, otterremmo il sovrano assoluto del regno animale?

CODA: lemure catta

Non solo è utilissima per l'equilibrio, ma serve anche per comunicare stati d'animo e intenzioni. I maschi la impregnano di un cattivo odore e la agitano davanti agli avversari per marcare il territorio. La coda indica inoltre lo status di un individuo all'interno del gruppo, e serve per attirare le femmine.

CORPO: ghepardo

Snello e aerodinamico, il corpo dell'animale più veloce del mondo è agile, muscoloso e flessibile: perfetto per acciuffare le prede.

ZAMPE: gerenuk

Questa antilope snella e forte si alza sulle zampe posteriori per nutrirsi delle foglie più alte che altri animali non possono raggiungere.

ORECCHIE: elefante

Perfette per captare i suoni più deboli, le orecchie più grandi del mondo possono essere agitate per disperdere calore interno e farsi vento.

OCCHI: tarsio

Il tarsio acchiappa falene e pipistrelli di passaggio, perciò i suoi enormi occhi hanno la straordinaria capacità di seguire i movimenti più rapidi, oltre a garantire una vista perfetta anche nel buio pesto.

BOCCA: tigre

Piene di denti enormi e affilati, le fauci della tigre sono tra le più grandi e potenti, capaci di ferire e uccidere rapidamente qualsiasi preda.

NASO: nasica

Lungo e pendulo, questo naso amplifica versi e richiami, e assicura un senso dell'olfatto più sviluppato di quello di altre specie di scimmie.

COLLO: giraffa

Oltre a consentire di raggiungere foglie precluse alla maggior parte degli altri animali, il collo delle giraffe fornisce una prospettiva aerea che permette di individuare i predatori in avvicinamento da grandi distanze.

ZAMPE: canguro

Le zampe posteriori del canguro offrono un'andatura saltellante che permette di risparmiare energia e fare balzi lunghi 8 metri e alti 4.

Amici contro scrocconi

La natura sa essere al tempo stesso gentile e spietata. Talvolta due animali di specie diverse possono convivere in una relazione simbiotica in cui ciascuno aiuta l'altro, a beneficio di entrambi.

▶ Nuotando dentro e fuori l'anemone, il pesce pagliaccio fa aumentare la circolazione dell'acqua, aiutando l'anemone a respirare.

Migliori amici

L'anemone di mare e il pesce pagliaccio convivono in armonia. Gli anemoni si nutrono paralizzando piccoli pesci con i loro tentacoli urticanti, ma il rivestimento viscido del pesce pagliaccio lo rende immune al veleno. L'anemone lo riconosce e raramente cerca di attaccarlo. In cambio di questo rifugio sicuro, il pesce pagliaccio mangia detriti e parassiti presenti tra i tentacoli, tenendo pulito l'anemone. Inoltre, l'anemone mette in fuga animali che potrebbero attaccare il pesce pagliaccio, che a sua volta attira altri pesci per darli in pasto all'anemone.

▶ Le formiche si raggruppano intorno agli afidi e "mungono" la loro melata, una secrezione dolce e ricca di zuccheri.

Esistono invece relazioni a senso unico, in cui una creatura trae beneficio dall'altra danneggiandola, in un rapporto parassita-ospite. Ma quello dei parassiti è un esercizio di equilibrismo: se prosperano troppo, tutti gli ospiti muoiono e a loro non resta più niente da mangiare, né un posto dove vivere.

Mangiati vivi

Tra i parassiti più crudeli ci sono alcune piccole vespe che depongono le loro uova all'interno di bruchi e altre larve vive. La vespa punge il bruco paralizzandolo, poi depone le sue uova nel corpo dell'ospite. Le uova si schiudono e, poco a poco, le larve divorano l'ospite indifeso.

▼ Questo bruco del pomodoro è ricoperto di uova di vespa. La sua sarà una morte lenta: dopo la schiusa, le larve consumeranno il suo corpo finché non rimarrà nient'altro che la pelle.

Protezione in cambio di cibo

Gli afidi (verdi e neri) sono piccoli, deboli e indifesi... tranne quando vengono allevati da una colonia di formiche. Mentre gli afidi succhiano la linfa della pianta, le formiche difendono l'area e tengono lontani i nemici degli afidi, come le coccinelle. In cambio della protezione, le formiche si nutrono di un liquido zuccherino, detto melata, prodotto dagli afidi.

▼ Questo impala viene "pulito" da due bufaghe beccorosso. Oltre a liberarlo dai parassiti, le bufaghe possono anche beccare l'ospite, mantenendo aperte le sue ferite; quindi questi uccelli sono al tempo stesso aiutanti e parassiti.

Pulizia rapida

La bufaga disinfesta bovini, ma anche antilopi, gazzelle, giraffe, zebre, rinoceronti e tanti altri animali. Questo uccello si nutre di parassiti come pulci, pidocchi e zecche, specialmente quelli nascosti in posti difficili da raggiungere, nonché del sangue che fuoriesce dalle ferite aperte.

▶ Questo giovane cuculo fa sembrare minuscolo il suo entusiasta genitore adottivo, una passera scopaiola. L'istinto della passera di nutrire i suoi piccoli è così forte da impedirle di accorgersi che questo pulcino gigante è un impostore.

Cuculo furbacchione

I parassiti di cova approfittano di altri animali durante il periodo riproduttivo, usandoli per allevare la propria prole. La femmina del cuculo depone il suo uovo nel nido di un altro uccello. Quando questo si schiude, il pulcino spinge le altre uova giù dal nido ed esige cibo dai nuovi genitori. Tra i parassiti di cova ci sono anche il molotro, la vedova domenicana e gli uccelli indicatori.

ESIBIZIONI spettacolari!

Rivali in amore

Farsi notare è solo un aspetto del corteggiamento. A volte gli animali devono competere con dei rivali che vogliono rubare i loro partner.

Molte creature tengono per lo più un profilo basso, cercando di passare inosservate ai predatori. Ma a volte un animale ha bisogno di farsi notare, sfoggiando doti speciali per attrarre potenziali compagni o tenere alla larga nemici e rivali.

BAGLIORI E SCINTILLII

*La femmina della **lucciola** è priva di ali e brilla per attirare un maschio alato con cui accoppiarsi.*

GORGIERA DI PIUME

*Un **combattente** maschio gonfia il collare di piume mentre avanza impettito ed emette il suo richiamo.*

CALCI E PUGNI

*Una **lepre** fa la preziosa testando salute, velocità, reazioni e vigore del maschio in un incontro di "boxe amorosa".*

IMPETTIRSI

*Un maschio di **fregata maggiore** gonfia la sua sacca golare per dare sfoggio della sua prestanza.*

Il corteggiamento

Il corteggiamento animale non è un rapido flirt, ma una prova molto seria. Ogni animale verifica che il partner sia della giusta specie, oltre che forte e sano, affinché possa passare buoni geni alla prole.

A RUOTA LIBERA

Un **pavone** apre la sua coda per impressionare la femmina. Più brillanti sono i colori della ruota, più risulterà attraente.

BOCCONCINI

Durante il corteggiamento, due **gruccioni** si imboccano a vicenda fluttuando come farfalle.

PALLONCINI

Il maschio della foca dal cappuccio attira l'attenzione delle potenziali compagne gonfiando fuori dal naso una grossa vescica rotonda.

BANDIERA AL VENTO

Un maschio di **anolide** dispiega il suo vivace sacco giugulare, detto giogaia, per attirare una compagna.

Colpi di GENIO

Domanda: Cos'hanno in comune scimpanzé, delfini, polpi, elefanti, pappagalli, cani e scimmie?

Risposta: Sono alcuni degli animali più intelligenti del mondo. I loro svariati talenti (tra cui utilizzo di utensili, risoluzione dei problemi e lavoro di squadra) li rendono i primi della classe.

Il capovaccaio lascia cadere una pietra su un uovo di struzzo per romperla e mangiarne il nutriente contenuto.

Usare strumenti

Molti animali hanno sviluppato tecniche strabilianti per ottenere pasti altrimenti irraggiungibili. Il capovaccaio usa una pietra come martello per rompere un uovo molto duro, mentre il fringuello picchio estrae le larve dalle fessure negli alberi con una spina di cactus. Ma il vero maestro è lo scimpanzé, che oltre a usare oggetti è anche in grado di modificarli. Per esempio, mastica l'estremità della sua "canna da pesca" per termiti per renderla più sottile e quindi più adatta per frugare nel termitaio.

Gli scimpanzé hanno sviluppato un modo molto scaltro di nutrirsi: infilano un ramo in un termitaio, per poi estrarlo e leccare le termiti che vi rimangono attaccate.

1+1=2

Il polpo venato trasporta una conchiglia vuota per usarla come rifugio.

Risoluzione dei problemi

Problema: se hai un corpo molliccio e senza corazza, come fai a difenderti da nemici affamati?
Soluzione: prendi in prestito un'armatura! Il paguro usa questa tecnica e prova vari gusci di buccino finché non trova quello più adatto. Anche i polpi e alcuni piccoli pesci sfruttano le conchiglie vuote come rifugi temporanei.

MAGAZZINO SU MISURA

Il picchio delle ghiande infila ghiande e noci dentro fori che crea appositamente nella corteccia, aggiungendo ogni anno nuovi buchi.

I delfini comunicano attraverso schiocchi e squittii per radunare le sardine in una palla esca e mangiarle più facilmente.

Le formiche tessitrici si dividono in due squadre per costruire i loro nidi: la prima tiene insieme le estremità delle foglie con le mascelle, mentre la seconda usa la seta prodotta dalle larve per "cucire" insieme i lembi.

Squadre vincenti

In un gruppo di animali, ogni membro conosce il suo posto e il suo ruolo. Le formiche sono programmate per seguire pochi, semplici istinti, e perciò difficilmente si adattano a situazioni nuove. La popolazione di pesci negli oceani sta diminuendo, tuttavia i delfini hanno sviluppato nuovi metodi per procurarsi il cibo, come inseguire reti piene di pesci per catturare quelli che vi sfuggono.

L'unione fa la FORZA

Convivere e collaborare all'interno di un gruppo può offrire molti vantaggi. Essere in tanti significa avere molte più risorse a disposizione: più occhi vigili, più armi difensive per proteggere i piccoli, e più denti e artigli per attaccare le prede.

Imponenti migrazioni

Alcuni animali fanno viaggi annuali o stagionali, detti migrazioni, solitamente dovuti ai cambiamenti del clima o alle periodiche carenze di cibo. Ogni anno, all'inizio della stagione umida (ottobre-novembre) i granchi rossi dell'isola di Natale si muovono a milioni verso la costa creando un'inarrestabile marea scarlatta, per poi immergersi in mare a deporre le uova.

Ponti viventi

Un'interruzione lungo il percorso non è un problema per una brulicante colonia di formiche, specialmente se si tratta di formiche legionarie. Questi insetti costruiscono dei ponti viventi: le formiche vicine si agganciano le une alle altre per le zampe, mentre altre si arrampicano sui loro corpi per allungare la catena. Le formiche che formano il ponte possono restare in posizione per ore, e perfino morire, mentre le compagne proseguono

Cani da caccia

Grazie al lavoro di squadra, i licaoni possono abbattere prede anche 20 volte più grandi di loro. Il capo del branco sceglie un bersaglio giovane, vecchio o malato come questo gnu. Con grande tenacia, il branco incalza la sfortunata vittima per chilometri e chilometri fino allo sfinimento, e quando è abbastanza debole la uccide.

Sciami selvaggi

Per proliferare, le locuste hanno bisogno di condizioni favorevoli per diversi mesi, durante i quali formano gradualmente un insieme impressionante, capace di consumare completamente vastissime aree di vegetazione. Ogni sciame contiene centinaia di milioni di locuste alla continua ricerca di cibo e può devastare rapidamente interi raccolti.

ANCHE LA PIÙ PICCOLA TRACCIA DI SANGUE NELL'ACQUA PUÒ SCATENARE LA FRENESIA ALIMENTARE DI UN GRUPPO DI PIRANHA ROSSI. GRAZIE ALLE SCHIERE DI DENTI AFFILATI COME RASOI, IL LORO ATTACCO È FEROCE, IMMEDIATO E SPESSO FATALE.

Strani **cuccioli**

Molti animali hanno un istinto di cura molto sviluppato, e sarebbero disposti a rischiare la vita per salvare i propri cuccioli. Alcune creature ricorrono a misure estreme per offrire alla loro prole migliori possibilità di sopravvivenza. I piccoli di alcune specie nascono in una fase precoce dello sviluppo, per cui sono vulnerabili e richiedono cure costanti. Inoltre, alcuni cuccioli non assomigliano affatto ai loro genitori e hanno un aspetto molto bizzarro.

▼ Una femmina di panda gigante partorisce un unico cucciolo, che resta con lei anche più di due anni. Quando è svezzato (dopo il primo anno) la madre può lasciarlo per diversi giorni, mentre va in cerca di cibo.

Mini me o metamorfosi?

I cuccioli di alcuni animali, come la foca o la tigre, sono inequivocabilmente versioni in piccolo dei loro genitori. Al contrario, girini e bruchi sono diversissimi dalle loro versioni adulte. Animali di questo tipo vanno incontro a cambiamenti drastici nel loro aspetto, detti metamorfosi, che permettono ai piccoli di vivere in ambienti diversi e mangiare cibi diversi da quelli dei genitori, per non entrare in competizione.

Rosa e lisci

Molti neonati di mammiferi e uccelli sono rosa e senza peli. Hanno occhi e orecchie ancora chiusi, e possono solo mangiare e dormire. Quando sono al sicuro nel nido o nella tana, la madre può lasciarli per procacciare cibo per sé. I cuccioli dipendono completamente dalla sua protezione e dal suo nutrimento.

◀▲ Di solito, i bruchi nascono pochi giorni dopo la deposizione delle uova. Consumano grandi quantità di foglie prima di impuparsi formando una crisalide, dalla quale fuoriescono in forma adulta per nutrirsi del nettare dei fiori.

▼ I cuccioli di foca sono molto simili ai loro genitori, solo che nascono con la pelliccia bianca. Si nutrono del latte della madre e crescono più in fretta di qualunque altro mammifero di pari dimensioni.

▶ Un canguro appena nato non ha braccia o gambe vere e proprie, eppure deve subito arrampicarsi sulla pelliccia della madre per raggiungere il marsupio. Poi si attacca a una mammella e resta lì per sei mesi, finché non è pronto a uscire dal marsupio.

Nati prematuri

I marsupiali come canguri, koala, vombati e opossum nascono in una fase molto precoce dello sviluppo. Molti non hanno nemmeno occhi e orecchie riconoscibili, e i loro arti sono solo appendici accennate su corpi informi. Questi neonati fanno ben poco oltre a dimenarsi nel marsupio della madre e attaccarsi alle mammelle con la bocca (anch'essa non ancora del tutto sviluppata) per berne il latte. Al sicuro nel marsupio, attraversano qui i successivi stadi di sviluppo che altri mammiferi vivono all'interno del ventre materno.

▶ L'opossum della Virginia partorisce minuscoli cuccioli rosa (sotto), che a volte superano il numero di mammelle disponibili. Alcuni muoiono, mentre quelli che sopravvivono se ne vanno in giro con la madre (sopra).

Architetti geniali

Alcuni animali costruiscono incredibili strutture, da soli o in gruppo. Ogni costruzione ha il suo scopo: un nido serve a proteggere i piccoli, un ponte ad arrivare da un punto all'altro, una trappola a catturare le prede. I metodi di costruzione variano in base ai materiali a disposizione e all'habitat.

Megalopoli

Alcune creature costruiscono strutture enormi rispetto alle loro dimensioni. Le termiti sono insetti grandi come piselli, ma i loro termitai possono raggiungere i 10 metri d'altezza: l'equivalente di un grattacielo alto 2,5 km. Altre mega-costruzioni sono sotterranee. Una rete di tunnel costruita dai cani della prateria in Texas ha un'area di 60.000 km² e ospita 400 milioni di roditori: una popolazione 20 volte superiore a quella delle città più grandi.

◀ La parte emersa del termitaio è composta per lo più di camini cavi di terra cotta dal sole, che fungono da climatizzatori per il nido principale, situato sottoterra.

◀ Il tessitore mascherato taglia foglie e steli a striscette che intreccia con cura per creare un nido sferico o a forma di fiasco.

Costruttori provetti

Spesso gli animali costruiscono nidi o rifugi da usare solo per brevi periodi, di solito per allevare i piccoli. I loro comportamenti sono per lo più istintivi, ma tecniche e abilità migliorano moltissimo con la pratica. I nidi possono essere realizzati sfruttando una grande varietà di materiali naturali, come erba, fango, peli e piume.

▶ Il nido per i cuccioli del topolino delle risaie è appena più grande di una pallina da tennis. È costruito tra gli steli, lontano dal suolo, per proteggere i piccoli dai pericoli.

◀▼ La tana di un castoro può essere alta 5 metri e ampia 20.

Una vera fortezza

La tana del castoro è una solida costruzione fatta di tronchi, rami, pietre e fango. Ogni generazione di castori abbatte con cura gli alberi, taglia rami e aggiunge collanti per costruire una straordinaria fortezza, inespugnabile perfino per lupi e orsi affamati.

Super**FORZA**

Gli elefanti sono i più forti tra gli animali terrestri, ma ciò è dovuto principalmente alla loro stazza.

Peso massimo

Con la sua proboscide, un elefante può sollevare tronchi e altri oggetti fino a una tonnellata, ma il suo corpo pesa 5 tonnellate. Un modo più equo per misurare la forza è comparare il peso spostato con il peso corporeo: in questo caso, per gli elefanti la proporzione è solo di 1/5.

I sollevatori di pesi umani possono alzare un peso più di tre volte superiore al proprio, ma sono deboli se paragonati ad alcuni insetti. Noi umani lasciamo a desiderare anche nel salto, nella potenza di trazione e nella forza del morso, ma siamo dei campioni come atleti a tutto tondo.

Le donnole sono i carnivori più piccoli del mondo: alcuni individui pesano poco più di 30 grammi. Per sopravvivere, ogni giorno devono mangiare almeno un terzo del loro peso corporeo, e riescono anche ad abbattere conigli pesanti più di un chilo.

UNO STERCORARIO PUÒ SPOSTARE UN PESO OLTRE 1.000 VOLTE SUPERIORE AL PROPRIO.

LE FORMICHE POSSONO SOLLEVARE UN PESO FINO A 50 VOLTE SUPERIORE AL PROPRIO E TRASPORTARLO A MOLTI METRI DI DISTANZA.

Case rotolanti

Gli scarabei stercorari creano delle palle con gli escrementi di altri animali, tra cui rinoceronti, lupi, antilopi, elefanti e gatti. Quando il letame è ancora umido, gli scarabei fanno rotolare le palle fino a un luogo adatto, poi depongono le uova al loro interno e le seppelliscono. Dopo la schiusa delle uova, le larve si nutrono del letame.

Solo un morso

La potenza del morso varia in base all'umore (arrabbiato o rilassato) e a seconda che si usino o meno tutti i denti e le mascelle. Leoni, iene, squali e coccodrilli hanno tutti morsi molto potenti, in grado di frantumare facilmente le ossa di una preda. Tuttavia, il T-rex aveva probabilmente il morso più forte di qualunque altro animale mai vissuto sulla terra.

UNO SQUALO PUÒ MORDERE 60 VOLTE PIÙ FORTE DI UN UMANO.

▶ Il grande squalo bianco ha un morso forte, ma la sua arma più potente sono i denti affilatissimi, con cui trafigge facilmente carne e ossa.

Riesci a **vedermi?**

Uno dei trucchi più vecchi del mondo animale è mimetizzarsi con l'ambiente circostante sfruttando la forma, il colore e i motivi del proprio corpo. Che si tratti di passare inosservati ai nemici o di tendere un agguato a una preda, per mimetizzarsi è necessario creare un'illusione ottica e confondersi con lo sfondo.

Un ramo spezzato passa facilmente inosservato; proprio come il nittibio maggiore, un uccello cacciatore notturno che di giorno resta completamente immobile.

Calarsi nella parte

Il mimetismo non è solo una questione di forme, motivi e colori, ma anche di movimenti. È inutile confondersi con l'ambiente circostante, se ci si lascia smascherare da un movimento improvviso. Per mimetizzarsi con successo, bisogna muoversi con grande attenzione. Se la foglia su cui è posato viene scossa dal vento, l'animale deve resistere e seguirne il movimento, o rischia di essere scoperto.

La falena imperiale si mimetizza alla perfezione nel sottobosco, vibrando e rotolando insieme alle foglie vere.

Per restare nascosto, il geco dalla coda a foglia deve imitare i movimenti casuali di una foglia secca, rimanendo immobile o oscillando con la brezza.

Nascondino

Alcuni predatori sono molto più bravi a nascondersi che a camuffarsi. Rane della foresta, rospi del deserto e ragni del suolo si rifugiano sottoterra, lasciando fuori solo gli occhi e le orecchie per individuare le prede di passaggio. Possono rimanere così per ore, finché la vittima si rilassa e si avvicina abbastanza da poterla assalire all'improvviso.

La rana cornuta di Cranwell si seppellisce quasi completamente, in attesa di uno scarafaggio o di un altro insetto di passaggio.

Il muso e gli occhi della vipera di Peringuey richiamano i granelli di sabbia del deserto, mimetizzandola mentre attende pazientemente la sua prossima vittima.

LO SQUALO COGLIE DI SORPRESA LE PREDE GRAZIE ALLA "STRATEGIA DELL'OMBRA OPPOSTA": IL DORSO SCURO SOMIGLIA AL FONDALE, MENTRE LA PANCIA È CHIARA COME L'ACQUA SOVRASTANTE.

Pericolo in agguato

Più si è grandi, più è difficile nascondersi alla vista delle prede. I grandi felini hanno colori e motivi ottimi per camuffarsi, e ogni specie si adatta perfettamente al proprio habitat. I leoni sono fulvi come l'erba secca e il suolo polveroso della savana africana. Le strisce della tigre si confondono con gli arbusti e la vegetazione bassa, specialmente nelle ore di penombra, quando il felino preferisce cacciare. Leopardi e giaguari stanno spesso sugli alberi, e le loro macchie ricordano le ombre screziate create dalla luce che filtra attraverso i rami e le foglie.

Un leone in agguato nella prateria africana: grazie al suo colore, perfettamente corrispondente a quello dello sfondo, può spiare non visto le prede.

Record dei primati

Creature enormi prosperano in tutto il pianeta. Di solito, un animale grande può facilmente mettere in fuga i predatori e raggiungere riserve di cibo dove altri non arrivano. D'altro canto, questi giganti devono trovare e mangiare grandi quantità di cibo per poter sopravvivere.

BALENOTTERA AZZURRA

Il più grande animale conosciuto

- **32 M** Lunghezza del corpo
- **179 T** Peso corporeo
- **3 T** Peso del cibo assunto quotidianamente
- **7,6 M** Ampiezza della coda
- **5,4 T** Peso della lingua
- **48 KM/H** Velocità massima nel nuoto
- **600 KG** Peso del cuore

L'UCCELLO PIÙ ALTO

Lo **STRUZZO** non è solo l'uccello più alto e pesante, ma è anche il più veloce, raggiungendo i 96 km/h. Questo enorme uccello depone le uova più grandi del mondo, dal peso di 1,4 kg l'una.

LA SCIMMIA PIÙ GRANDE

Grazie alla grande stazza, il **GORILLA** maschio difende il suo gruppo con esibizioni intimidatorie, caricando, ringhiando e battendosi il petto.

IL MARSUPIALE PIÙ GRANDE

I maschi di **CANGURO ROSSO** sono molto possenti, con forti code e artigli affilati. Quando cercano di conquistare una femmina, i maschi si sfidano boxando e sferrando potenti calci con le gambe muscolose.

IL FELINO PIÙ GRANDE

Predatrice vigorosa e tutta muscoli, la **TIGRE SIBERIANA** usa tattiche di appostamento e agguato per abbattere da sola grosse prede come i cervi.

IL PIÙ GRANDE CARNIVORO TERRESTRE

L'**ORSO KODIAK** si contende il titolo con l'orso polare. Sfrutta le dimensioni per intimidire gli altri predatori. Nonostante si batta di rado, grazie a una forza notevole esce vittorioso da ogni scontro.

IL PIÙ GRANDE MAMMIFERO TERRESTRE

Un **ELEFANTE AFRICANO** travolge ogni cosa sul suo cammino. La sola proboscide può essere lunga 3 m!

LA FOCA PIÙ GRANDE

Un maschio ben nutrito di **ELEFANTE MARINO** pesa quanto un elefante terrestre. I maschi dominanti, detti "capi della spiaggia", combattono ferocemente per difendere il territorio.

IL PIÙ ALTO MAMMIFERO TERRESTRE

Il robusto collo della GIRAFFA è alto quanto un essere umano, e può essere usato come un ariete per colpire i predatori.

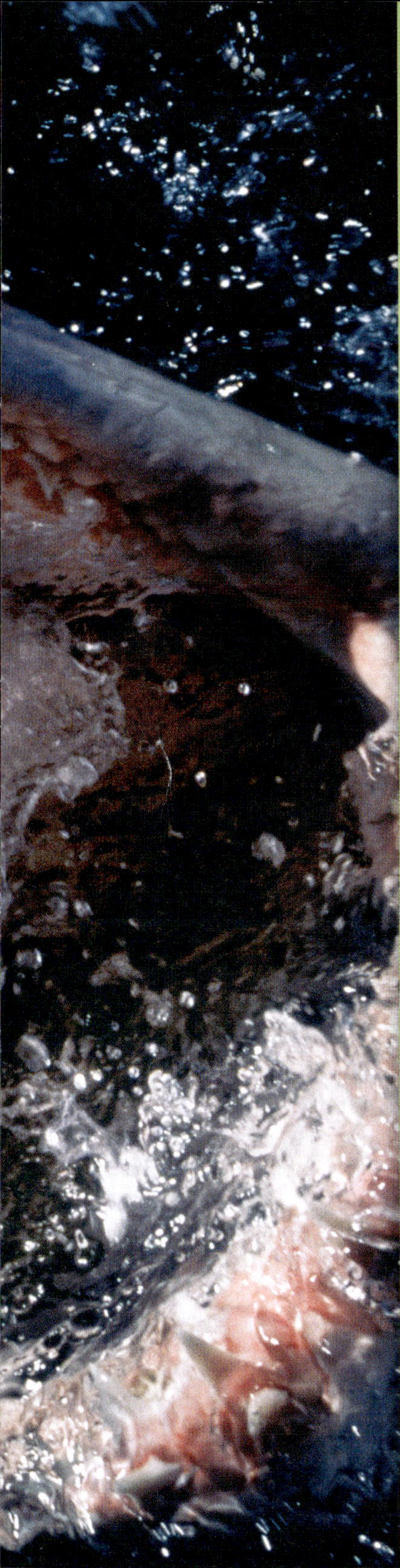

Creature LETALI

Nei momenti critici, gli animali sono pronti a lottare con i denti e con gli artigli, nonché con le armi più disparate: dalle scariche elettriche a tossine letali.

◀ L'immensa bocca di un grande squalo bianco, con i suoi denti affilatissimi, si spalanca minacciosamente verso l'alto, pronta a inghiottire una potenziale preda.

FAIDE familiari

Nel mondo animale, la vita familiare non è tutta rose e fiori. Le risse in famiglia sono frequenti, e uno dei motivi di attrito più comuni è la competizione per il cibo. Tuttavia, i parenti hanno la loro utilità, specialmente quando serve unirsi contro un nemico comune.

ZUFFA TRA UCCELLI

I germani reali sono spesso violenti con i propri simili, al punto che sorprende che siano una delle specie di anatre più diffuse. Per gli anatroccoli la vita è particolarmente precaria, poiché gli adulti spesso attaccano e uccidono tutti i piccoli che incontrano, e succede addirittura ad alcune madri con i loro cuccioli, se non li riconoscono. Inoltre, nella stagione dell'accoppiamento i maschi ingaggiano feroci combattimenti per il territorio e le compagne.

I germani reali cercano di annegare i loro rivali bloccandoli sott'acqua.

In Botswana, due elefanti africani maschi si prendono a testate mentre cercano di infilzarsi a vicenda con le lunghe zanne, in una lotta per la supremazia. Alcuni scontri sono così feroci da provocare la rottura delle zanne.

SCONTRO FRA TITANI

Durante il periodo riproduttivo, gli elefanti dimenticano qualsiasi amore fraterno. Sono le femmine a comandare le mandrie, quindi quando i maschi raggiungono l'età adulta vengono espulsi e costretti a vagare per le pianure africane. I maschi hanno fama di solitari, ma spesso viaggiano con fratelli, cugini o amici... finché non vanno in fregola e gli ormoni prendono il sopravvento. La fregola è un periodo frenetico e violento in cui gli scontri tra maschi aumentano e gli affetti cedono il posto alla competizione per l'accoppiamento. In questi combattimenti i contendenti possono riportare gravi ferite, e persino morire.

Un pulcino di cuculo spinge giù dal nido il pulcino ospite, una cannaiola, lasciando solo una bocca da sfamare: la sua!

IL NIDO DEL CUCULO

Allevare dei piccoli è rischioso. Per gli animali, la ricompensa è che i loro geni passeranno alla generazione successiva. Tuttavia, a volte la natura gioca brutti scherzi ai genitori. I cuculi sono parassiti di cova, e depongono le loro uova nei nidi di uccelli più piccoli. Quando le uova si schiudono, i cuculi neonati spingono giù il resto delle uova e dei pulcini. I genitori non se ne accorgono e continuano a nutrire il piccolo cuculo, che imita perfino il richiamo dei pulcini ospiti.

I cuccioli di volpe giocano alla lotta finché non raggiungono le 16 settimane.

PROTEGGERE I CUCCIOLI

Pochi animali sono più pericolosi di una mamma orso. Grazie all'istinto materno, una femmina adulta con un cucciolo da proteggere può trasformarsi da docile a letale in pochi secondi. Le madri non si lasciano intimidire dalla stazza dell'aggressore e usano zanne e artigli per attaccarlo, placandosi solo quando sono certe che sia morto.

Un cucciolo di orso bruno guarda sua madre combattere contro un maschio aggressivo.

Gli elefanti maschi che vincono gli scontri possono avere anche 30 compagne in un solo anno, e diventare padri di altrettanti cuccioli.

ALLA SCUOLA DEI DURI

Per sopravvivere bisogna saper combattere e può servire molto tempo per imparare. Perciò, molti cuccioli cominciano a giocare alla lotta non appena imparano a camminare. Queste risse, fatte di colpi leggeri e morsi delicati, permettono ai piccoli di sviluppare strategie di attacco e difesa utili per cacciare.

Killer SIBILANTI

Esistono circa 3.000 specie di serpenti, e sono tra gli animali più letali del pianeta. Sono dotate, infatti, di veleni tra i più pericolosi esistenti in natura. Arsenico? Cianuro? Stricnina? Al confronto non sono niente! Quelle che vivono nei pressi degli insediamenti umani mietono molte vittime: il cobra indiano da solo è responsabile di diverse migliaia di morti umane all'anno.

▲ Il cobra reale è il serpente velenoso più lungo del mondo, arrivando a 4,6 metri di lunghezza.

Rapidi elapidi

Gli elapidi sono una famiglia di serpenti molto diffusa, il cui morso è spesso letale per gli umani. Tutti i serpenti velenosi hanno le zanne, ma quelle degli elapidi sono cave, per iniettare il veleno quando mordono. Molti elapidi sono snelli e rapidi: il mamba nero striscia più velocemente di un umano che corre. Una minuscola quantità del suo veleno (l'equivalente in peso di una banconota) basta per uccidere 50 persone.

Taipan il terribile

Il taipan, detto anche "serpente fiero", possiede uno dei veleni più mortali al mondo, che colpisce il sistema nervoso, paralizzando i muscoli respiratori. Quando la vittima muore, il serpente la divora. I taipan vivono in regioni isolate dell'Australia e attaccano lucertole, ratti e altri piccoli mammiferi.

▲ Questo taipan è pronto a colpire: una goccia del suo veleno basterebbe a uccidere 100 persone.

◀ Il crotalo adamantino occidentale ha le zanne rivestite di una specie di pelle che si ritrae quando le affonda nelle prede.

ESISTONO CIRCA 600 SPECIE DI SERPENTI VELENOSI, DI CUI MENO DI UN TERZO SONO PERICOLOSI PER GLI UMANI.

Vipere venefiche

Le vipere hanno zanne cave lunghe fino a 5 cm, ben più di quelle degli elapidi. Queste zanne sono estraibili, e si possono ritrarre quando non servono. Le grandi ghiandole accanto alle zanne rilasciano un veleno che attacca il sistema circolatorio della vittima, distruggendo tessuti corporei e muscoli. Sulla testa, le vipere hanno inoltre delle fossette sensoriali che individuano il calore sprigionato dalle prede, permettendo loro di cacciare col favore delle tenebre.

STRITOLATI A MORTE

Boa e pitoni, serpenti costrittori, non usano il veleno per uccidere le prede, ma sfruttano la furtività, la forza e le grandi dimensioni. Possono facilmente uccidere animali più grandi di loro. Il segreto è nella loro stretta stritolante: quando catturano un animale, lo avvolgono con le loro vigorose spire. Ogni volta che la vittima espira, il serpente la stringe un po' di più, finché la preda non soffoca.

▼ Il pitone valuta forma e dimensioni della preda prima di inghiottirla... in un sol boccone.

Predatori Perfetti

Gli squali sono fenomenali cacciatori oceanici. In oltre 450 milioni di anni di evoluzione, sono diventati predatori praticamente perfetti. L'arsenale di questi animali include: un corpo affusolato, scattante e muscoloso, potenti mascelle piene di denti affilatissimi, una pelle composta da scaglie smaltate e sensi molto affinati.

DISPOSITIVI DI RILEVAMENTO

Gli eccezionali sensi degli squali contribuiscono a renderli cacciatori straordinari. La linea laterale che corre lungo tutto il corpo è composta da pori sensoriali capaci di avvertire qualsiasi movimento nell'acqua. Gli squali hanno grandi occhi che percepiscono in parte i colori, e alcune specie vedono bene anche al buio. Intorno alla bocca hanno delle sacche chiamate ampolle di Lorenzini, piene di un gel che permette di captare l'elettricità generata dai muscoli degli animali vicini.

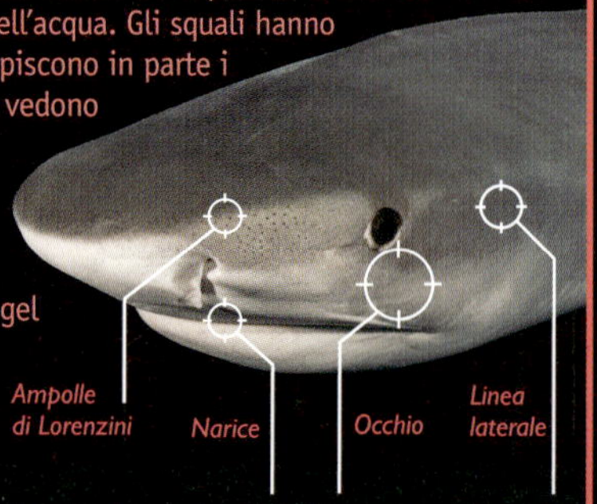

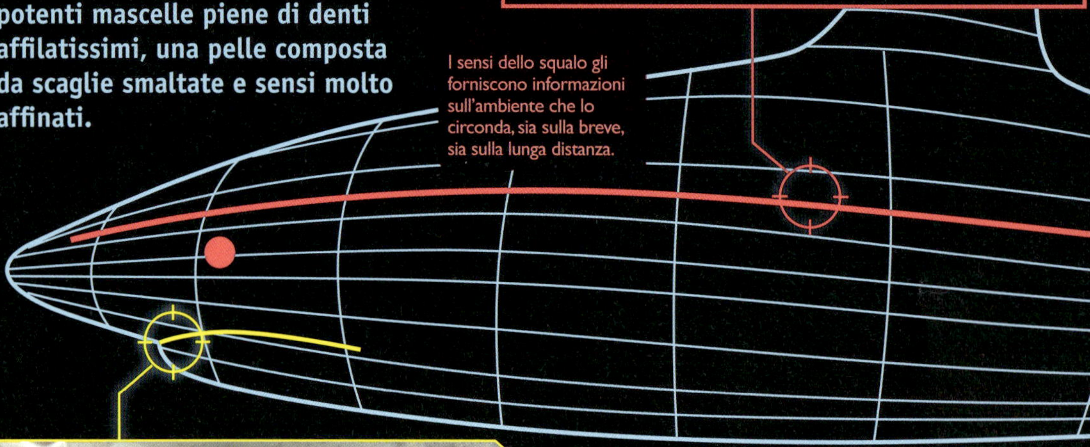

I sensi dello squalo gli forniscono informazioni sull'ambiente che lo circonda, sia sulla breve, sia sulla lunga distanza.

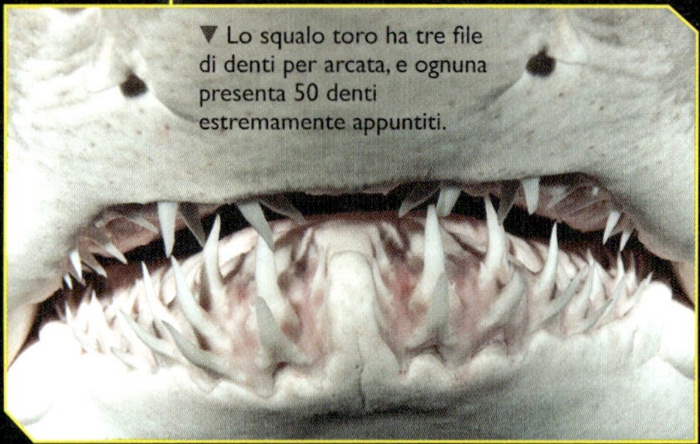

▼ Lo squalo toro ha tre file di denti per arcata, e ognuna presenta 50 denti estremamente appuntiti.

I FERRI DEL MESTIERE

I denti di uno squalo ne rivelano la dieta: quelli lunghi, sottili e affilatissimi sono perfetti per afferrare calamari, mentre quelli triangolari e seghettati sono ideali da affondare nella carne e nelle ossa delle vittime. File di denti piccoli e aguzzi sono utilissime per catturare prede sul fondale, e grandi denti lamellari possono rompere i gusci delle tartarughe.

TAGLIO NETTO

Lo squalo tagliatore sarà anche relativamente piccolo (è lungo solo 50 cm), ma rappresenta una delle specie di squali più feroci. Si avvicina alla preda rapido e furtivo e la morde con la bocca a ventosa piena di denti affilati; poi gira su sé stesso, praticando un taglio circolare, e strappa dalla vittima un pezzo di carne grande quando una pallina da golf.

▶ I denti nell'arcata inferiore dello squalo tagliatore sono tutti uniti, come quelli di una sega.

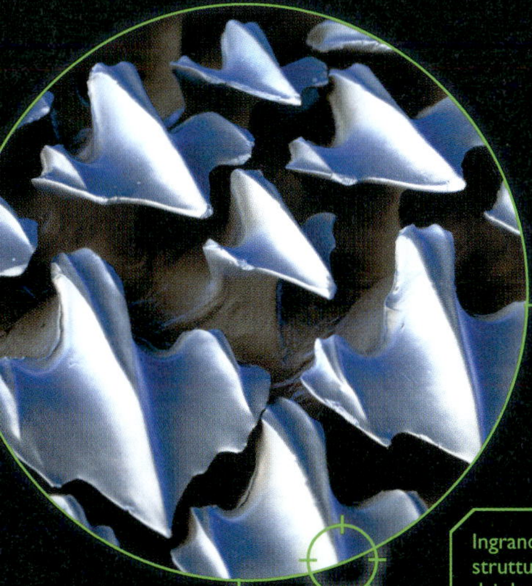

CORAZZA DI SCAGLIE

Mentre la maggior parte dei pesci hanno le squame, lo squalo è ricoperto da piccoli "denti" smaltati, detti dentelli dermici. Sono zigrinati e puntano verso la coda, e con la loro forma e disposizione permettono all'acqua di scorrere liscia sul corpo dello squalo, riducendo l'attrito e smorzando il suono prodotto dai suoi movimenti.
Gli scienziati hanno scoperto che, a parità di peso, per muoversi nell'acqua uno squalo consuma una quantità di energia sei volte inferiore a un sottomarino.

Ingrandimento della struttura formata dai dentelli sovrapposti, simile a una corazza. Forma, dimensioni e disposizione variano a seconda della specie.

Gli squali predatori hanno un olfatto molto sviluppato e riescono a percepire una piccola quantità di sangue nell'acqua a una distanza di 1,6 km.

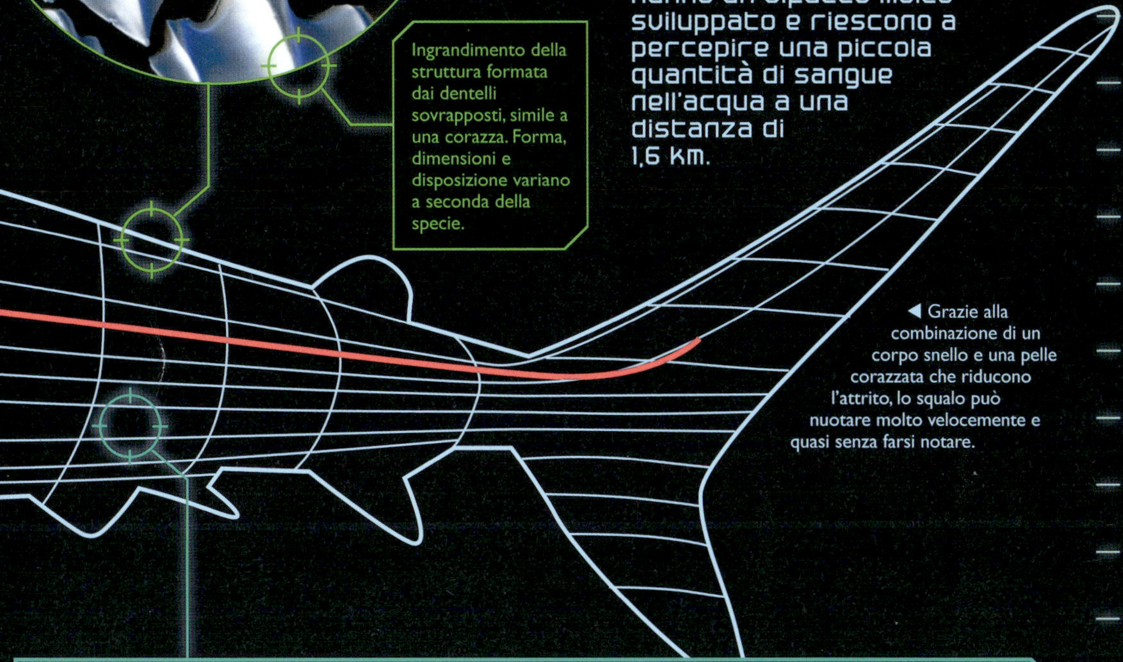

◀ Grazie alla combinazione di un corpo snello e una pelle corazzata che riducono l'attrito, lo squalo può nuotare molto velocemente e quasi senza farsi notare.

▲ Il corpo affusolato del mako pinna corta, il più veloce di tutti gli squali, gli permette di nuotare alla velocità di 75 km/h.

COME UN SILURO

Come molti pesci veloci, gli squali predatori hanno sviluppato corpi simili a siluri che si muovono nell'acqua incontrando una resistenza minima. La spina dorsale, fatta di cartilagine gommosa invece che di osso, è estremamente flessibile e separa due gruppi muscolari. Per nuotare, questi muscoli flettono il corpo a destra e a sinistra, spingendo lo squalo in avanti.

SCONTRI FORMIDABILI

Non sempre è facile prevedere chi uscirà vincitore da un feroce scontro nel regno animale. Molti animali preferiscono mettere in fuga i nemici, piuttosto che lanciarsi in un rischioso combattimento. Tuttavia, quando si decide di andare allo scontro possono esserci molte sorprese.

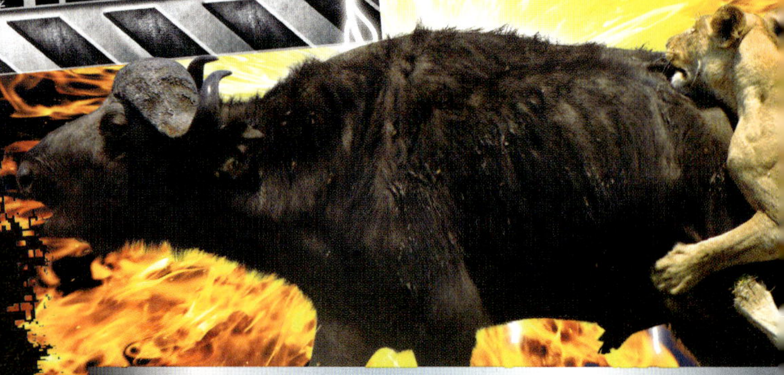

BUFALO >>> 1 1 <<< LEONE

Muscoli contro cervello

I bufali africani hanno grosse corna, corpi massicci, pelle coriacea e un pessimo carattere, perciò un leone solitario ha scarse possibilità di successo: il bufalo potrebbe incornarlo, sventrandolo con un colpo solo. All'inizio potrebbe esserci una situazione di stallo, ma nessun leone correrebbe il rischio di proseguire il combattimento. Se però un branco di leoni riesce a isolare un bufalo molto giovane, vecchio o malato, il risultato può essere ben diverso.

SERPENTE >>> 1 0 <<< ROSPO

Ultima resistenza

Di fronte a un serpente, un rospo non ha molta scelta. È troppo lento per scappare, ma può gonfiarsi d'aria, fingendosi un avversario molto più temibile di quanto non sia in realtà, e facendo credere di essere troppo grande perché il serpente possa inghiottirlo. Alcuni rospi aggiungono a questa esibizione sibili e una pelle dal cattivo sapore, ma se il predatore è determinato non desisterà: il rospo ha scarse probabilità di sopravvivenza.

ORSO >>> 1 1 <<< LUPO

Pari merito

I lupi cacciano in branco usando tecniche sofisticate, mentre gli orsi si nutrono principalmente di radici, frutta e bacche. Di solito il lupo e l'orso non si cacciano a vicenda, ma sono territoriali e protettivi nei confronti dei loro cuccioli, e queste caratteristiche possono portarli a scontri potenzialmente mortali. Entrambi sono animali veloci, intelligenti, vigorosi e dotati di zanne potenti. Tuttavia, dopo aver ringhiato e scoperto i denti per intimidire l'avversario, lo scontro finirebbe in un pareggio a tavolino: combattere comporterebbe un rischio troppo alto per entrambe le parti, e ritirarsi salvando la faccia è la scelta più sensata.

RAGNO >>> 0 1 <<< VESPA

Ragni a merenda

La vespa falco è lunga quanto un dito umano e ha un forte pungiglione lungo 6 mm. La vespa attacca la tarantola afferrandola per una zampa, e incurante della tempesta di peli urticanti scagliata dal ragno, lo punge nel lato interno per poi trascinare la vittima paralizzata nella sua tana e deporre un uovo al suo interno. La larva appena nata divorerà il corpo del ragno ancora vivo.

LA PUNTURA VELENOSA DI UNA VESPA FALCO È DOLOROSISSIMA ANCHE PER NOI, E PUÒ CAUSARE DANNI PERMANENTI AL SISTEMA NERVOSO.

ARACNIDI spietati

Gli aracnidi sono tra i migliori cacciatori del mondo. Grazie alle otto agili zampe possono entrare in azione in men che non si dica e agguantare le vittime prima ancora che si accorgano della loro presenza. I ragni sono aracnidi che producono seta (una fibra resistente ed elastica, perfetta per intrappolare le prede) e veleno. I feroci scorpioni possono uccidere con il loro pungiglione velenoso.

▼ Un ragno *Deinopidae* tiene la ragnatela tesa tra le zampe, pronto a saltare su un'ignara preda.

Ragnatele e trappole

Gli araneidi tessono le classiche ragnatele circolari e aspettano che le prede si avvicinino, mentre i ragni della famiglia *Deinopidae* gettano la rete contro le vittime: per prima cosa tessono una piccola ragnatela, poi, tenendola ben tesa con i lunghissimi arti anteriori, piombano sulla preda, intrappolandola e avvolgendola nella seta. Noti anche come "ragni dalla faccia d'orco", hanno otto occhi di cui due enormi, che assicurano una visione notturna eccezionale.

DOSE LETALE

I ragni dei cunicoli attaccano con un potente veleno che li rende una delle specie più pericolose per gli umani. Si trovano spesso intorno alle case e ai fabbricati nell'area di Sydney, Australia. In passato molte persone morivano a causa del loro morso velenoso, ma negli anni 1980 è stato trovato un antidoto e le vittime sono nettamente diminuite.

◀ Il ragno dei cunicoli usa due zanne affilate per mordere le vittime e iniettare il suo veleno potenzialmente letale.

Demone del deserto

I solifugi non hanno veleno né pungiglioni, ma sono comunque cacciatori temibili, grazie ai grandi e acuminati cheliceri a pinza. Questi aracnidi vivono nel deserto e solitamente di giorno se ne stanno in tane fresche, o penzolano dai rami. Di notte, lasciano i loro rifugi e si scatenano, uccidendo una grande quantità di insetti e ragni, nonché prede più grandi come roditori e lucertole. Le loro pinze possono tagliare la pelle e anche ossa sottili, facendo a pezzi il corpo della vittima in pochi minuti.

◀ Un solifugo sembra quasi un alieno, con la sua faccia pelosa, le grandi mascelle e i piccoli e brillanti occhi neri.

I SOLIFUGI PIOMBANO SULLE PREDE RAGGIUNGENDO LA VELOCITÀ DI 50 CM AL SECONDO.

▼ Una *Misumena vatia* affonda le sue zanne in un ignaro tafano.

Zuppa di granchio

I ragni-granchio non usano ragnatele per cacciare, ma attendono immobili, camuffati nell'ambiente circostante, per tendere imboscate agli insetti. Alcuni somigliano a cortecce, foglie o escrementi di uccelli, mentre altri sono coloratissimi, per confondersi tra i petali dei fiori. Il veleno di un ragno-granchio è abbastanza potente da uccidere insetti più grandi di lui. Una volta colpito l'insetto, il ragno-granchio vomita sulla vittima dei succhi gastrici che ne dissolvono i tessuti, dopodiché consuma finalmente il suo pasto, ormai diventato una specie di zuppa.

Una spina nel fianco

Lo scorpione giallo è uno dei più pericolosi sulla terra, nonostante sia lungo solo 7-10 cm. I suoi artigli sono piccoli e deboli ma questo scorpione è velocissimo a colpire con il pungiglione all'estremità della sua coda. Il suo veleno è potentissimo, anche in piccole dosi, e paralizza rapidamente qualsiasi preda o aggressore. Per un umano adulto e sano, la puntura dello scorpione giallo è dolorosissima, ma le sue conseguenze possono essere ben più letali per un bambino.

◀ Per catturare le prede, lo scorpione giallo usa i pedipalpi, degli artigli simili a chele.

FURIE alate

Non tutti gli uccelli se ne stanno appollaiati sui rami a cinguettare dolcemente pregustando qualche succosa bacca. Alcuni sono cacciatori nati, con armi appropriate ai loro istinti predatori. I più famosi sono gufi e rapaci, ma tra i volatili ci sono altri insospettabili killer.

Aquila reale
(Aquila chrysaetos)

Con una colossale apertura alare di 2,3 metri e una velocità massima di 240 km/h, l'aquila reale è una cacciatrice da non sottovalutare. Questo rapace si lancia in picchiata sulle vittime, sferrando un colpo mortale dietro il collo. A differenza di altri rapaci, le aquile reali scelgono spesso prede più grandi di loro. La loro dieta è composta per lo più da piccoli animali come conigli e rettili, ma attaccano anche cervi e persino bovini.

Casuario australiano
(Casuarius casuarius)

Il casuario è un grande uccello non volatore che vive nelle foreste della Nuova Guinea e nel nord-est dell'Australia. Ha zampe muscolose con cui sferra potenti calci, e può causare gravi ferite con un artiglio lungo 10 cm situato sul dito interno di ogni zampa. Questi uccelli non sono cacciatori, e di solito attaccano gli umani solo per difendere sé stessi o le loro uova. Comunicano con richiami molto profondi che rientrano appena nello spettro uditivo umano.

Averla piccola
(Lanius collurio)

Gli uccelli macellai e le averle si nutrono di insetti e hanno un modo particolare di conservare il cibo. Una volta catturato un insetto o un piccolo animale, lo fanno fuori a violenti colpi di becco e poi lo impalano su un rovo o sul filo spinato, creando così una dispensa che può accogliere diversi insetti, rettili e piccoli mammiferi. Questo macabro magazzino permette agli uccelli di sopravvivere quando la caccia è infruttuosa, e serve anche per impressionare potenziali partner.

Serpentario
(Sagittarius serpentarius)

Con le sue lunghe zampe, il serpentario vaga in cerca di prede tra l'erba alta della savana africana. Questi uccelli alti e snelli calpestano l'erba per stanare grossi insetti, piccoli mammiferi e serpenti. Assestano potenti calci agli animali che cercano di fuggire, e si proteggono dai morsi potenzialmente velenosi dei serpenti facendosi scudo con le ali spiegate. In un solo giorno di caccia possono percorrere oltre 31 km.

Struzzo
(Struthio camelus)

Solitamente gli struzzi maschi attaccano solo altri maschi, specialmente nel periodo riproduttivo. Sono famosi per il loro brutto carattere, e spesso aggrediscono umani e perfino veicoli! Lo struzzo è il più alto e il più pesante di tutti gli uccelli, nonché il corridore più veloce: può raggiungere la velocità di 70 km/h e correre per più di un'ora senza fermarsi.

SUCCHIA sangue

Gli animali che si nutrono di sangue hanno stili di vita particolari, e solitamente sono parassiti. Queste sanguisughe hanno vari modi di penetrare la pelle per succhiare il nutriente e proteico fluido rosso. L'ematofagia, cioè l'abitudine di nutrirsi di sangue, non è una prerogativa esclusiva di zanzare e pipistrelli vampiri: diverse specie di uccelli, pesci, falene e altri insetti sono ghiotti di sangue.

EMATOFAGIA

UNA ZECCA SI NUTRE DEL SANGUE DI UN ANIMALE

Il sangue è un pasto completo, ma di solito per accedervi gli ematofagi devono penetrare squame, piume o pelle. Per trovare una fonte di cibo possono ascoltare i movimenti, percepire il calore corporeo, seguire la traccia di anidride carbonica o i feromoni (sostanze chimiche) emessi dalle potenziali vittime. Per raggiungere il sangue si servono per lo più di apparati boccali che possono penetrare la pelle dell'ospite e raggiungere i vasi sanguigni, o raschiarla via creando delle ferite.

Madri affamate

Le zanzare femmine devono assumere le proteine e il ferro contenuti nel sangue prima di poter deporre le uova. Hanno una proboscide simile a una siringa con la quale bucano la pelle, e mentre succhiano il sangue iniettano anticoagulanti per evitare che si formino grumi. Ogni zanzara preleva solo una piccola quantità di sangue, ma può provocare danni molto più letali rilasciando nei corpi delle vittime pericolosi microrganismi e trasmettendo così malattie come la malaria, la febbre gialla, la dengue e l'encefalite.

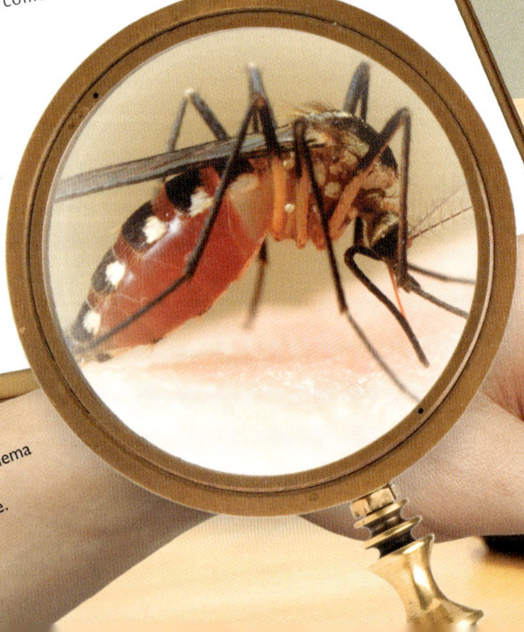

▶ Ricercatori di tutto il mondo studiano il problema delle malattie mortali veicolate dalle zanzare.

Pesci ventosa

La lampreda di mare è un pesce parassita privo di mandibole che si nutre principalmente del sangue di altri pesci e mammiferi marini. Si attacca alle vittime con una bocca simile a una ventosa, che contiene file di denti cornei con cui raschia via la pelle. Mentre mangiano, le lamprede rilasciano anticoagulanti; poi, quando sono sazie, staccano la bocca dalla vittima e si dileguano, lasciando una ferita aperta e sanguinante.

▶ Le lamprede diventano parassite da adulte, e usano le tonde bocche dentate per attaccarsi a pesci come le trote. Si nutrono finché non sono pronte ad accoppiarsi e muoiono dopo aver deposto le uova.

SCIENZA OGGI

DRACULA & CO.

I pipistrelli vampiri hanno zampe posteriori vigorose e pollici particolarmente forti che li aiutano a spostarsi e ad arrampicarsi sulle vittime.

I vampiri esistono davvero, ma questi pipistrelli non meritano la reputazione sanguinaria creata dalla leggenda di Dracula. Molte specie di pipistrelli vampiri si nutrono del sangue di mucche e cavalli, non di quello umano. Questi animali hanno bisogno di circa due cucchiai di sangue al giorno, equivalenti a più della metà del loro peso corporeo. I pipistrelli vampiri hanno delle fossette sensoriali sul muso, ricoperte di molecole che rilevano il calore corporeo. Si avvicinano furtivi alla preda e affondano le loro affilatissime zanne in un punto in cui il sangue è facilmente accessibile. Producono una sostanza chimica che riduce il dolore e mantiene il sangue fluido mentre si nutrono.

DENTI e fauci

POTENZA DEL MORSO ANIMALE
Cifre stimate in newton (N)

Megalodonte (squalo gigante estinto)	182.200 N
Tyrannosaurus rex	60.000 N
Grande squalo bianco	17.790 N
Coccodrillo marino	16.460 N
Dunkleosteus terrelli (pesce marino estinto)	5.000 N
Leone africano	4.500 N
Iena	2.000 N
Umano	890 N
Diavolo della Tasmania	553 N

I primi animali dalle grandi fauci si svilupparono tra 430 e 445 milioni di anni fa. Le mascelle sono un'evoluzione degli archi branchiati (cioè le strutture ossee che sostengono le fessure branchiali dei pesci) e permisero ai pesci di diventare cacciatori, oltre che mangiatori passivi. Oggi esistono molti tipi diversi di fauci e denti, adatti a seconda dei casi ad afferrare, stritolare, perforare, frantumare, tagliare, squarciare e maciullare.

▼ Il *Dunkleosteus* visse circa 360 milioni di anni fa.

FAUCI ABISSALI

I mari preistorici ospitavano il *Dunkleosteus*, un pesce gigante simile a uno squalo dalle mascelle un po' bizzarre. Al posto dei denti, il *Dunkleosteus* aveva grandi lame ossee, perfette per tagliare e capaci di frantumare le ossa, trasformando la preda in carna macinata in pochi minuti. Il suo morso era il secondo più potente di tutti i pesci. Questo mostro marino si difendeva dagli attacchi grazie a un cranio corazzato di placche ossee.

◀ In Botswana, una leonessa usa i denti carnassiali per strappare la carne da una carcassa di bufalo.

Club dei carnivori

I predatori carnivori, come i leoni, hanno mascelle muscolose e denti enormi che permettono di mordere con grande forza e intrappolare le vittime in una stretta letale. L'arcata superiore e quella inferiore sono collegate da un'articolazione a cerniera che consente solo il movimento verticale. Le mandibole sono azionate da grossi muscoli temporali, che occupano buona parte della testa del leone. I canini sono enormi, affilati e appuntiti per trapassare la carne, mentre i carnassiali, denti simili a forbici ai lati delle arcate, la strappano e la sminuzzano.

▶ I denti della iena sono più grandi di quelli di altri animali di pari dimensioni, soprattutto i premolari per spezzare le ossa e i molari per strappare la carne.

Impavide e feroci

Le iene hanno le mascelle più potenti tra tutti i mammiferi della loro taglia, con le quali riescono a spezzare facilmente le ossa. Questi forti mammiferi sono aggressivi fin da piccoli e spesso cacciano in gruppo. Diverse persone sono state attaccate mentre campeggiavano in territori abitati da iene, svegliate all'improvviso dai morsi degli animali che strappavano bocconi di carne dai loro arti.

Che bocca grande che hai!

Gli ippopotami hanno fama di essere tra gli animali più pericolosi dell'Africa. Nonostante la loro dieta esclusivamente erbivora, questi enormi mammiferi sono estremamente aggressivi. L'istinto di proteggere sé stessi, i loro cuccioli e il loro territorio è molto forte, e incontrarne uno può rivelarsi fatale. Con un peso di 1,4 tonnellate, le grandi zanne appuntite lunghe 50 cm e delle fauci che possono spalancarsi quasi a 180 gradi, questo erbivoro non è per niente... un gigante gentile!

◀ Un maschio di ippopotamo lotta con altri maschi per difendere i suoi diritti di accoppiamento su un harem che può includere fino a 30 femmine.

Doppio guaio

Le murene impediscono alle prede di scappare grazie a una seconda mascella, situata all'interno della gola. Con i loro denti affilatissimi, le mascelle anteriori afferrano il pesce mentre le mascelle posteriori, dotate di denti più grandi, danno un'ulteriore stretta e spingono il pesce lungo l'esofago e lo stomaco dell'animale.

▶ Molti pesci "risucchiano" le prede fino alla gola, ma le murene usano le loro seconde mascelle.

ZAMPE e artigli

Zampe potenti e artigli laceranti sono armi fondamentali, che permettono agli animali di infliggere danni tenendo la testa fuori dalla portata dell'avversario. Le zampe artigliate presentano spesso caratteristiche particolari che ogni specie ha sviluppato per adattarle al proprio stile di caccia.

SPERONI AVVELENATI

L'ornitorinco è uno dei pochi mammiferi velenosi al mondo. Su ciascuna delle zampe posteriori i maschi possiedono un artiglio ricurvo, o sperone, collegato a delle ghiandole che secernono veleno. Gli speroni vengono usati solo per sferrare calci contro nemici naturali e altri maschi, soprattutto nella stagione dell'accoppiamento.

▲ Il veleno dell'ornitorinco non è mortale per gli umani, ma sembra sia molto doloroso.

◀ L'enorme zampa di un orso polare può raggiungere i 30 cm di diametro.

Zampe polari

Gli orsi polari sono tra i più grandi carnivori terrestri e hanno zampe proporzionate alla loro stazza che funzionano come racchette da neve, distribuendo il peso sul manto nevoso e sul ghiaccio sottile. Inoltre, permettono di seguire le prede con discrezione: i ciuffi di pelo tra le dita attutiscono il rumore dei passi. Gli artigli, corti, robusti e ricurvi, penetrano e strappano facilmente la carne, e sono utili per estrarre le foche dai buchi nel ghiaccio.

Diavoli indiani

Il ghiottone, grande più o meno quanto un cane, è una creatura intrepida che attacca anche orsi e cervi, guadagnandosi il soprannome di "diavolo indiano". Simile a una donnola, questo mammifero vive nelle regioni nordiche, dove le rigide condizioni climatiche rendono i predatori affamati, disperati e arditi. Le sue zampe sono grandi, piatte e pelose, con ampi cuscinetti e lunghi artigli: perfette per rincorrere e catturare le prede sulla neve. Poi, con le potenti mascelle, il ghiottone azzanna le vittime al collo, spezzandolo.

▶ I ghiottoni sono sia cacciatori sia spazzini e divorano qualunque animale trovino, vivo o morto!

▲ A riposo, la rana pelosa sembra innocua, ma grazie alle sue armi nascoste i predatori ci pensano due volte prima di attaccarla.

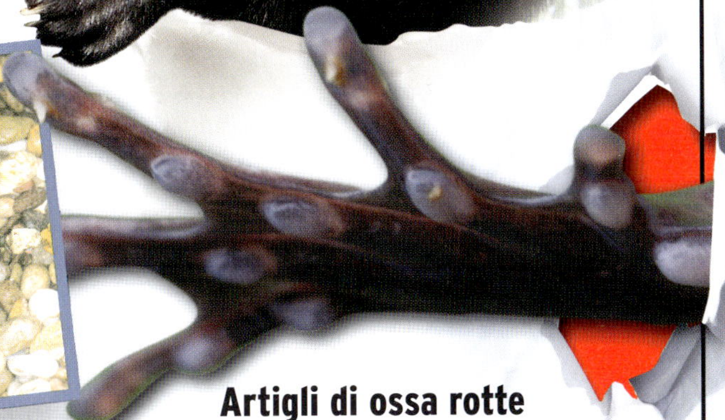

Artigli di ossa rotte

In natura la realtà può superare la fantasia. Quando si sentono minacciate, le rane pelose africane si spezzano le ossa delle zampe. Le ossa rotte perforano la pelle, spuntando come coltelli dalle dita della rana, che guadagna così degli artigli affilatissimi da usare contro gli aggressori.

▲ Grazie alle forti chele, il granchio del cocco può arrampicarsi facilmente su un albero per coglierne i frutti.

I GRANCHI HANNO DELLE CHELE FORTISSIME IN PROPORZIONE ALLE LORO DIMENSIONI.

Rompere noci di cocco

Quando Charles Darwin trovò i granchi di terra più grandi del mondo sulle Isole Cocos, li descrisse come "mostruosi". Questi crostacei terrestri, conosciuti come granchi del cocco o granchi ladri, hanno un'apertura delle zampe che può raggiungere un metro. Si nutrono principalmente di frutta, e il loro nome deriva dall'abilità di aprire le noci di cocco con le enormi chele. Di tanto in tanto usano le chele anche per attaccare altri granchi, e dopo una lotta possono diventare cannibali, mangiando l'avversario sconfitto.

Felini FERINI

I felini sono predatori spietati: forza ed eleganza si combinano per creare perfetti cacciatori. Tutti i felini condividono le stesse caratteristiche corporee di base: musi corti dotati di grosse fauci, zanne affilate e denti carnassiali per strappare la carne. Hanno anche sensi molto sviluppati, arti vigorosi e zampe dotate di artigli retrattili.

FURTIVI

◀ Una leonessa cammina rasoterr per seguire una preda al crepuscolo.

1

Pochi animali riescono a pedinare le prede con la furtività dei felini. Le pellicce colorate, striate o maculate li aiutano a restare nascosti tra la bassa vegetazione mente scelgono e braccano una potenziale vittima. Avanzando rasoterra, questi predatori riescono ad avvicinarsi alla preda senza mai staccarle gli occhi di dosso. I leopardi sono così silenziosi da riuscire a rapire un umano addormentato dal proprio letto e scappare senza un rumore: gli altri occupanti della stanza si accorgono della visita notturna solo la mattina seguente.

VELOCI

2

I felini possono accelerare rapidamente ma, al contrario dei canidi, non riescono a correre a lungo. L'animale terrestre più veloce sulle brevi distanze è il ghepardo. Un corpo molto snello, ossa degli arti sottili, scapole quasi verticali e una spina dorsale flessibile lo rendono non solo aerodinamico, ma anche capace di ampie falcate, che consentono di risparmiare energia. Tuttavia, al massimo della velocità, il ghepardo non può correre per più di 500 metri, altrimenti rischia la morte per surriscaldamento.

SALTATOR

▶ Le zampe posteriori del caracal, lunghe e forti, sono perfette per rincorrere prede veloci come lepri e antilopi.

IN INDIA, UN IMPLACABILE LEOPARDO È STATO PROBABILMENTE RESPONSABILE DELLA MORTE DI OLTRE 125 UMANI IN SOLI DIECI ANNI.

IL FATTORE PAURA

Quando un animale sa che c'è un grande felino nelle vicinanze, subentra il fattore paura. Il corpo va in stato di stress, pronto a correre o a difendersi: è la cosiddetta reazione di "attacco o fuga". L'adrenalina agisce sui vasi sanguigni, aumentando la circolazione, la respirazione e il metabolismo dei carboidrati, e preparando i muscoli allo sforzo. Così, benché i felini siano ottimi predatori, molte delle loro potenziali vittime riescono a scappare.

▲ Una gazzella scappa saltando dal suo cacciatore, un grande felino.

Salti e balzi danno ai felini il vantaggio della sorpresa. Una preda può credere di trovarsi a distanza di sicurezza dall'inseguitore e, pochi secondi dopo, fissare con orrore delle fauci piene di zanne a pochi centimetri propria testa. I leopardi delle nevi detengono il record per il balzo più lungo (15 metri), ma i caracal e i servali sono i migliori saltatori. I balzi permettono a questi predatori di piombare sulle vittime dall'alto, evitando morsi e graffi e assestando un colpo letale.

3

◀ Il ghepardo abbassa la testa per essere più aerodinamico ed estrae gli artigli per una migliore presa sul terreno.

Durante la fase finale di una caccia, i felini usano forza e velocità per colpire alla gola. Con le mascelle ben serrate intorno alla trachea, i predatori soffocano le loro vittime, che in genere muoiono rapidamente. I grandi felini possono cacciare anche prede più grosse di loro, e spesso le trascinano in un posto sicuro per mangiarle con calma.

▼ Un giaguaro stringe tra le fauci la testa di uno sfortunato caimano.

4

SPIETATI

Insetti CRUDELI

▶ Uno scorpione frusta senza coda intento a divorare una cavalletta.

Non serve essere grandi per essere crudeli. Esiste un mondo quasi invisibile di mini-mostri appostati dietro le rocce, in agguato tra la bassa vegetazione, che svolazzano o si nascondono, anche nelle nostre case, lottando per la sopravvivenza.

Attacco acido

Gli uropigi giganti sembrano degli incroci tra ragni e scorpioni, e condividono alcune delle principali caratteristiche di entrambe le specie. Questi aracnidi – detti anche scorpioni frusta – agguantano vittime invertebrate con i loro pedipalpi corazzati e le stritolano a morte. Inoltre, allontanano i predatori aggredendoli con uno spray tossico che è acido all'84%.

▼ Le formiche bulldog si trovano solo in Australia. Vivono in colonie ma cacciano da sole, nutrendosi principalmente di formiche carpentiere.

▼ Il calabrone gigante, capace di sterminare 40 api al minuto, in Giappone uccide più persone di qualsiasi altro animale.

Punture no-stop

Le formiche appartengono alla stessa famiglia di api, vespe e calabroni. Le formiche proiettile devono il nome ai loro pungiglioni, che si dice siano dolorosi come colpi di pistola, mentre le formiche di fuoco si avvinghiano all'aggressore per pungerlo il più a lungo possibile. Le formiche bulldog sono aggressive, ma basta anche solo uno sguardo alle loro minacciose mascelle per mettere in fuga un potenziale predatore.

Grandi, grossi e letali

In Giappone, i calabroni giganti asiatici sono chiamati "vespe passero" poiché, con i loro 5 cm di lunghezza, quando volano sembrano degli uccellini. Come altri membri della famiglia delle api e delle vespe, questi insetti sono dotati di dolorosi pungiglioni, ma in più iniettano una neurotossina che può rivelarsi letale. Fortunatamente aggrediscono principalmente le colonie di api, e solo raramente gli umani.

▶ Per difendersi, il bruco della falena luna usa sia il camuffamento sia le spine tossiche.

LE FORMICHE DI FUOCO VIVONO IN COLONIE COMPOSTE ANCHE DA 250.000 MEMBRI E AMANO MASTICARE I CAVI ELETTRICI.

Bruchi mortali

È difficile credere che i bruchi, invertebrati ed erbivori, siano capaci di infliggere ferite potenzialmente letali ad altre creature, eppure alcuni hanno ucciso persino degli umani. Le lonomie vivono in grandi gruppi, sul terreno o sugli alberi. Sono ricoperte da spine pelose e rimovibili che iniettano potenti sostanze chimiche urticanti, causando gonfiore, mal di testa e bolle. Nel giro di dodici ore possono manifestarsi i sintomi più gravi: la vittima muore lentamente dissanguata.

Terribili invertebrati

Gli abitanti della regione sud-occidentale degli Stati Uniti temono il centopiedi gigante *Scolopendra heros*, e a buon diritto. Questo invertebrato può crescere fino a 20 cm di lunghezza e il suo morso è tremendamente doloroso, grazie al veleno di cui tutti i centopiedi sono dotati. Gli esemplari più grandi possono iniettare veleno a ogni morso, perciò è meglio girare alla larga dal centopiedi gigante dell'Amazzonia, lungo fino a 30 cm.

◀ I centopiedi giganti cacciano per lo più altri invertebrati, come mosche e coleotteri, ma possono nutrirsi anche di uccelli, topi, lucertole e rane.

KILLER
a sangue freddo

Molti rettili e anfibi sono abili cacciatori. Questo antico gruppo di animali ha sviluppato una vasta gamma di tecniche: ci sono "draghi" cannibali, predatori che attendono immobili e pazienti, coccodrilli in agguato, viscide salamandre e persino rane con le zanne.

PERICOLO: Rana cornuta del Suriname

Le rane cornute del Suriname sono esperte di agguati. La loro forma appiattita permette a questi grandi anfibi di seppellirsi parzialmente nel terreno e passare inosservati. Quando le prede si avvicinano, queste rane entrano in azione usando delle particolari protuberanze ossee sulle mascelle simili a denti, grazie alle quali immobilizzano le vittime con un unico morso prima di inghiottirle intere.

▶ Una rana cornuta del Suriname può restare completamente immobile per diversi giorni, in attesa che passi il suo prossimo pasto, come una rana toro.

PERICOLO: Coccodrillo del Nilo

Molti animali selvatici ricorrono all'aggressione solo se provocati, o per autodifesa. Tuttavia, i coccodrilli attaccano quasi sempre con un unico scopo: mangiare. La maggior parte di loro tende agguati alle prede, e solitamente colpisce lungo le rive dei corsi d'acqua. Il coccodrillo balza in avanti, serra la vittima tra le mascelle e la trascina sott'acqua. Dopodiché, si rotola nell'acqua per disorientare la preda, la affoga e gli spezza la spina dorsale.

◀ Occhi, orecchie e naso del coccodrillo sono tutti in cima alla testa, consentendogli di restare quasi completamente sommerso, in attesa delle prede.

L MISTERO DEL KILLER

Lo stile di vita del *Tyrannosaurus rex* è avvolto nel mistero. Sebbene questo dinosauro avesse decisamente l'aspetto di un feroce predatore, secondo alcuni scienziati sarebbe stato invece uno spazzino. Infatti, da un lato le zampe posteriori sarebbero state troppo pesanti per permettergli di correre velocemente; dall'altro le gracili zampe anteriori non sembrano molto adatte ad agguantare le prede. È stato ipotizzato anche che il T-rex fosse cannibale, e che la sua saliva contenesse batteri letali come quella dell'odierno drago di Komodo.

ATTENZIONE: Drago di Komodo

Le Piccole Isole della Sonda, in Indonesia, sono un arcipelago così isolato che questo loro abitante, ora molto famoso, era quasi del tutto sconosciuto fino a 100 anni fa. Lungo 3 metri, il drago di Komodo è la più grande lucertola esistente. Combina un aspetto mostruoso con una natura selvaggia: è praticamente onnivoro e attacca animali di grandi dimensioni, inclusi gli umani. Inoltre, spesso gli esemplari adulti mangiano quelli più giovani, che per scappare a questa sorte si nascondono sugli alberi.

▼ La gamba di un'antilope scompare tra le fauci di un varano. Un drago di Komodo adulto può mangiare fino all'80% del proprio peso corporeo in una volta sola.

RISCHIO:

Le salamandre sono anfibi, come le rane e i rospi, ma con la coda. Sono tutte carnivore, ma possono restare digiune per molto tempo. Molte hanno colori spenti per mimetizzarsi meglio, ma la salamandra pezzata ha delle macchie gialle sul corpo a indicare che produce una sostanza tossica. Le salamandre giganti giapponesi crescono quasi fino a 1,5 metri. Hanno una pelle viscida e ricoperta di muco, e una bocca molto grande. Se ne stanno immobili, aspettando che passi la loro cena, e catturano le prede con un potente scatto delle mascelle.

◀ Di notte la salamandra gigante giapponese è ben vigile, ma di giorno riposa tra le rocce.

SAFARI FLUVIALE

Sotto la superficie immobile di un lago o quella leggermente increspata delle acque di un fiume, sono in agguato dei misteriosi assassini. Nonostante gli umani sfruttino i corsi d'acqua da migliaia di anni, questo mondo selvaggio nasconde ancora molti segreti. Stiamo iniziando appena a capire l'incredibile quantità di affascinanti storie animali che i fiumi del mondo hanno da raccontare.

Pesce mangia-uomini

Da secoli circolano storie su un pesce gatto che mangia gli umani, e il sospettato numero uno sembrerebbe il pesce siluro. Questo enorme pesce è dotato di grandi mascelle piene di piccoli denti e di un temperamento molto aggressivo, specialmente durante il periodo riproduttivo. Anche se può essere pericoloso per gli umani, le sue prede naturali sono molto più piccole: crostacei, pesci, rane, vermi e anatre.

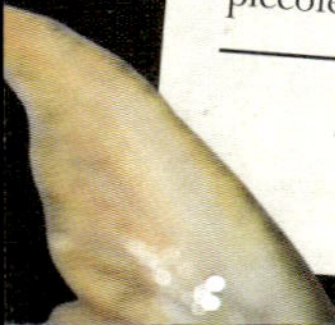

▶ *Si sa poco di questi pesci mostruosi, perciò l'esploratore Zeb Hogan ha lanciato un progetto per proteggere i siluri e altri giganti d'acqua dolce.*

Mostro misterioso

La pastinaca d'acqua dolce gigante è uno dei killer di fiume più grandi al mondo. Lunga la metà di un autobus, è abbastanza forte da trascinare le barche lungo i fiumi o sott'acqua. Era sconosciuta fino agli anni 1990, e recentemente ne sono state identificate nuove specie nelle regioni fluviali indo-pacifiche. Solitamente passiva, può attaccare chi la importuna con la spina di 38 cm che ha sulla coda, con cui penetra fino alle ossa e inietta un veleno letale.

◀ Nonostante le enormi dimensioni, le pastinache giganti sono difficili da trovare, catturare o studiare.

Grosse cimici

Le cimici d'acqua giganti sono gli insetti di fiume più grandi del mondo. Camminano, volano e nuotano, usando le ali per immagazzinare l'aria mentre cacciano sott'acqua. Se ne stanno immobili aspettando che le prede si avvicinino, poi le afferrano con gli arti anteriori, simili a chele. La bocca è dotata di aghi attraverso i quali iniettano saliva nelle vittime e ne risucchiano i fluidi corporei.

VERMI SULLA LINGUA

Una creatura primitiva è in agguato nelle torbide acque di palude degli Stati Uniti sud-occidentali: la tartaruga alligatore. Questo antico animale usa un trucco straordinario per cacciare: resta immobile con la bocca spalancata, esponendo un'appendice rossa sulla lingua che oscilla e si dimena come un verme. I pesci abboccano e si ficcano tra le fauci della tartaruga, che subito le richiude di scatto.

▶ Il luccio alligatore può crescere fino a 3 metri di lunghezza e deve il nome al suo lungo muso dentato.

Strategie di sopravvivenza

Il luccio alligatore è un pesce enorme e minaccioso con un muso lungo e dentato. Caccia pesci, tartarughe e uccelli. Le sue uova e il sacco vitellino hanno una caratteristica molto peculiare che ha senz'altro contribuito alla sopravvivenza di questo antico pesce: sono tossici per i crostacei e per molti vertebrati. I gamberi d'acqua dolce e i granchi reali sono particolarmente vulnerabili al veleno, e perfino alcuni umani che hanno maneggiato le uova del luccio alligatore ne sono stati vittime.

SMASH! BANG! CRASH!

Ganasce **stritolanti**, denti **taglienti**, artigli **laceranti:** per alcuni animali questi **brutali** strumenti sono fin troppo prevedibili. Perciò usano tecniche ben più sorprendenti per sopraffare i nemici e trionfare con stile.

Due cervi dalla coda bianca si affrontano in battaglia. Le ossa del cranio, molto spesse, li aiutano a proteggere il cervello dai danni.

Di mattina, i dendrobati pigmei maschi lottano, mentre nel pomeriggio mangiano, si accoppiano e si occupano dei cuccioli.

Per antilopi e cervi maschi, la posta in gioco nei combattimenti è molto alta. Questi animali vivono in harem, perciò un maschio può vincere il diritto di accoppiarsi con un intero gruppo di femmine, e quindi di trasmettere i suoi geni alle generazioni future. Alcune specie di antilopi hanno corna notevoli, lunghe fino a 1,5 metri, che possono aiutare un maschio ad affermare il predominio sugli altri senza bisogno di combattere. Tuttavia, quando lo scontro diventa necessario, la posta in gioco è alta. In questi scontri testa a testa, le corna rotte sono tra le ferite più comuni, ma non le più pericolose.

I dendrobati pigmei maschi sono molto territoriali, e accolgono solo ospiti di sesso femminile. Di mattina sono intenti a tenere alla larga altri maschi, ma se qualcuno oltrepassa il confine invisibile del loro territorio ingaggiano una battaglia corpo a corpo. I contendenti si stringono tra loro e lottano a terra, spingendosi a vicenda con le forti zampe; chi perde viene bloccato al suolo e deve abbandonare l'area pieno di vergogna.

I DENDOBRATIDI HANNO POCHI NEMICI, POICHÉ LA LORO COLORATISSIMA PELLE È TOSSICA.

I canguri grigi orientali lottano tra loro durante il periodo riproduttivo, ma combattono anche contro i dingo.

I canguri sono famosi per essere dei campioni di kickboxing. Questi grossi marsupiali ingaggiano lotte senza esclusione di colpi, tra affondi con gli artigli affilati, prese di sottomissione e potentissimi calci.

Gli ungulati possono usare la forza bruta per sconfiggere qualunque avversario. Un calcio rapido e potente può spezzare le ossa, perciò non bisogna sottovalutare cavalli e zebre. Gli stalloni di zebra combattono per i diritti di accoppiamento e i terreni di pascolo. Un piccolo calcio può bastare a convincere l'avversario a ritirarsi, ma in caso contrario, uno stallone può assestare una serie di colpi mortali, di solito mirando alla testa del rivale.

Le zebre hanno bisogno di grande forza e agilità per combattere, ma il vincitore sarà ben ricompensato.

Spesso, lo scontro tra due maschi è preceduto da un'esibizione di forza e possenza. I cigni maschi sollevano il corpo fuori dall'acqua, spiegano le ali e curvano il collo. A questo punto, l'uccello più piccolo può fare dietrofront, altrimenti comincia una feroce battaglia di ali e becchi, che può concludersi con la morte.

Il cigno più forte sconfigge il rivale colpendolo con le ali e con il becco forte e appuntito.

MONDO crudele

La vita negli habitat estremi dell'Artide e dell'Antartide pone dei problemi particolari alla fauna selvatica. A causa della mancanza di luce e calore, la vegetazione è scarsa e molti animali per sopravvivere devono mangiare carne o pesce. L'esito di una caccia può decretare la sopravvivenza o la morte, poiché il pasto seguente potrebbe trovarsi a molti chilometri o giorni di distanza.

Un copepode parassita, attaccato all'occhio di uno squalo della Groenlandia.

Squalo dei ghiacci

Un antico e lento squalo vive al di sotto dei ghiacci artici. Lo squalo della Groenlandia è il secondo squalo carnivoro più grande al mondo. Cresce solo di 1 cm all'anno, quindi gli individui lunghi 6 metri possono avere anche 500 anni! I giovani cacciano solitamente le foche, mentre i vecchi diventano spesso spazzini, vittime di parassiti che attaccano i loro occhi, rendendoli ciechi.

Viandante bianco

La volpe artica, cacciatrice e spazzina, mangia una grande varietà di prede, a seconda della zona in cui vive.

Le volpi sono tra i mammiferi più diffusi al mondo, capaci di sopravvivere in una grande varietà di habitat. In particolare, le volpi artiche dimostrano incredibili capacità di adattamento alle condizioni climatiche estreme del nord. Durante l'estate si mimetizzano nelle foreste e tra la boscaglia grazie alla loro pelliccia marrone, mentre in inverno il loro manto diventa bianco e molto folto e si rifugiano in grandi tane sotterranee dotate di complessi sistemi di cunicoli.

TEPPISTI AEREI

Il labbo è molto diffuso e trascorre l'estate lungo le coste settentrionali dell'America e dell'Europa. Il suo nome scientifico è *Stercorarius parasiticus*.

I labbi sono uccelli cleptoparassiti (ladri di cibo), predatori e spazzini. Una delle loro tattiche è minacciare altri uccelli finché non rigurgitano il cibo, per poi mangiarselo. Attaccano piccoli uccelli e si fiondano in picchiata su animali più grandi, compresi gli umani. Spesso attaccano in aria, ma alcuni sono stati visti intrufolarsi camminando nei nidi delle sterne artiche. In tal modo riescono a ingannarle: quando le sterne si accorgono del furto di uova e pulcini, ormai è troppo tardi.

GROSSO E FEROCE

L'orso polare è enorme, e ha bisogno di una dieta molto energetica per mantenere costante la temperatura corporea e alimentare il proprio stile di vita da predatore. Un orso ha bisogno di uccidere circa 75 foche all'anno per sopravvivere, ma può restare digiuno per ben otto mesi senza morire. Gli orsi polari sono tra i pochi predatori che cacciano attivamente gli umani per mangiarli, e le femmine sono ancora più pericolose quando proteggono i loro cuccioli.

Le madri di orso polare insegnano ai loro piccoli a cacciare. Questi cuccioli si stanno contendendo un pezzo di carne di balena.

TRA UN PASTO E L'ALTRO, I PINGUINI REALI POSSONO TRASCORRERE MESI DIGIUNI. UN PULCINO SOPRAVVIVE BEN 5 MESI SENZA MANGIARE.

Questo pinguino reale ha una brutta ferita provocata da una foca leopardo.

Sopravvivere nella neve

I pinguini cacciano solo in mare, sfrecciando nell'acqua a grande velocità (35 km/h), tanto che sembrano quasi volare. Il pinguino imperatore può immergersi a oltre 530 metri di profondità per raggiungere pesci, crostacei e calamari. Questi uccelli dai becchi ricurvi e affilati hanno la gola e la lingua rivestite di spine rivolte all'indietro, grazie alle quali i pesci catturati finiscono dritti nello stomaco.

I pinguini vengono a loro volta cacciati da uccelli marini, come i labbi, e dalle foche leopardo. Una foca leopardo può divorare 12 pinguini di Adelia in un unico pasto.

FARE SQUADRA

L'unione fa la forza e garantisce una maggiore sicurezza. Quando gli animali collaborano per cacciare e uccidere, diventano una potenza letale. Unendo le forze, è più facile che una caccia si trasformi in un successo, e che ognuno ottenga una parte del bottino. In natura, questi squadroni hanno poco da temere da predatori o prede.

I LUPI VIVONO E CACCIANO IN BRANCO. POSSONO FIUTARE UNA PREDA A OLTRE 2 KM DI DISTANZA E UDIRE SUONI LONTANI 10 KM.

La parte del leone

DUE LEONESSE COLLABORANO PER TAGLIARE LE VIE DI FUGA A UNO GNU E SI PREPARANO A COLPIRE.

Un branco di leoni può dominare un'area, scatenando il panico tra le vicine mandrie di erbivori. Quando è ora di mangiare, le leonesse, addette alla caccia, diventano più furtive. Braccano e circondano la preda, monitorando costantemente la posizione delle compagne, prima di sferrare l'attacco. Insieme, riescono ad abbattere grosse prede, affondando i denti nella loro trachea e uccidendole per soffocamento.

Canidi accaniti

Molti canidi combinano sensi affinati con capacità di cooperazione e comunicazione e con una forte struttura sociale. I licaoni ne sono un esempio emblematico: vivono in branchi comandati da una coppia dominante e cacciano in gruppi che variano dai 6 ai 20 membri. I loro metodi sono crudeli ma efficaci: rincorrono una vittima finché non crolla esausta, strappandole strategicamente dei pezzi di carne durante l'inseguimento.

UN BRANCO DI CANI HA PRESO DI MIRA UN FACOCERO SOLITARIO, E LA VITTIMA SCOMPARE DIVORATO... QUASI ALL'ISTANTE!

Orche marine

È stato recentemente scoperto che le orche cacciano in gruppo, collaborando tra loro. Questi animali, intelligenti e adattabili, radunano e circondano i pesci, per poi stordirli a colpi di pinne caudali. Per catturare le foche adottano la strategia della "caccia con l'onda". La loro capacità di apprendimento è il segreto del loro successo: le giovani orche osservano le cacce e imparano la tecnica.

CACCIA CON L'ONDA

1. PER PRIMA COSA, LE ORCHE SOLLEVANO LE TESTE DALL'ACQUA IN CERCA DI FOCHE A RIPOSO SUI BANCHI DI GHIACCIO.

2. UNA VOLTA IDENTIFICATO IL BERSAGLIO, LE ORCHE NUOTANO IN GRUPPO VERSO IL BANCO DI GHIACCIO E AL DI SOTTO DI ESSO.

3. QUESTO MOVIMENTO CREA UN'ONDA ABBASTANZA GRANDE DA SCUOTERE O RIBALTARE IL BANCO, FACENDO CADERE LA FOCA DRITTA NELLE FAUCI DELLE ORCHE.

SUPER POTERI

Il mondo animale pullula di creature fantastiche e incredibili storie di sopravvivenza e brutalità. Dai torbidi fondali marini ai cavernosi nidi degli insetti, ovunque ci sono battaglie da combattere e vincere, talvolta usando... veri e propri superpoteri!

PISTOLERO MARINO

I piccoli gamberi pistola non sembrano molto minacciosi, ma sono dotati di un superpotere straordinario: hanno una chela molto più grande dell'altra. Uno scatto di questa arma segreta può sparare un getto d'acqua alla velocità di 100 km/h, creando una bolla di aria surriscaldata. Poi la bolla scoppia, con un lampo di luce e un rumore assordante. Lo scoppio è abbastanza forte da stordire, e talvolta persino uccidere, la preda.

VESPA MIMETICA

Una vespa dorata può infilarsi nel nido di un filanto (un altro tipo di vespa), deporre le uova e scappare, passando del tutto inosservata. Riesce a compiere questa incredibile impresa grazie a un "mantello dell'invisibilità": la sua pelle è rivestita di sostanze chimiche che mimano così bene l'aspetto del filanto che quest'ultimo scambia l'intrusa per un membro della sua famiglia. Quando le uova di vespa dorata si schiudono, le larve divorano i piccoli del filanto.

CHELE DA BOXE

I piccoli granchi boxer si servono di amici ancora più piccoli come arma segreta: tengono tra le chele degli anemoni di mare urticanti e li agitano come fa un boxer con i guantoni. In tal modo, il piccolo pugile mostra ai potenziali aggressori di essere pronto e armato, e in cambio gli anemoni si nutrono dei suoi avanzi.

FLUIDI ESPLOSIVI

Una forza esplosiva può costituire un'arma molto efficace, e gli animali lo sapevano già molto prima che Alfred Nobel inventasse la dinamite! I coleotteri bombardieri mescolano i loro fluidi corporei per creare un liquido caldo, tossico ed esplosivo da sparare con grande precisione contro i predatori. Questi coleotteri non sono gli unici insetti a usare tattiche di difesa scoppiettanti: termiti e formiche kamikaze si sacrificano in un'esplosione tossica per difendere la colonia dai pericoli. È il caso di dire che questi insetti se ne vanno col botto!

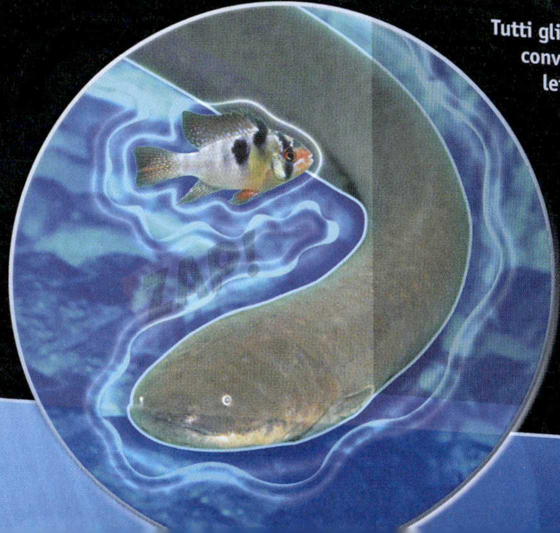

Tutti gli animali hanno una carica elettrica, ma pochi sanno convertire questa normale funzione vitale in un'arma letale. La capacità di produrre scariche elettriche è detta elettrogenesi, e l'anguilla elettrica è maestra in quest'arte. Nonostante il nome, non si tratta di una vera e propria anguilla, ma di una specie di pesce dal corpo molto lungo, detto anche elettroforo. Grazie a 6.000 speciali cellule "batteria" situate sul suo addome, un'anguilla elettrica può generare e immagazzinare elettricità fino a 600 volt, che usa per stordire o uccidere le prede.

ELETTRIZZANTE

Fenomeni SORPRENDENTI

Alla scoperta di momenti imperdibili, attimi mozzafiato ed eventi spettacolari della natura.

◄ **Un grizzly si tiene in equilibrio sull'orlo di una cascata, mentre afferra al volo tra le fauci i salmoni che risalgono la corrente.**

La marcia dei PINGUINI

La vita di un pinguino imperatore richiede una capacità di resistenza molto al di là della nostra portata. Durante i rigidi inverni polari, questi uccelli non volatori affrontano lunghissimi viaggi per allevare i loro pulcini e trovare cibo. Sopportano la fame e resistono a gelide tormente e temperature di molto sotto lo zero.

▼ Radunati in gruppi composti anche da 5.000 individui, i maschi occupano a turno il centro, dove fa più caldo.

▼ In mancanza di un nido, i maschi riscaldano le uova tenendole contro un'area glabra della loro pancia.

Calore corporeo

Mentre le femmine banchettano con pesci e calamari, immagazzinando energia sotto forma di grasso corporeo, i maschi aspettano vicini per farsi calore a vicenda e difendersi dai venti freddi e sferzanti. Lontano dal mare non possono nutrirsi e sopravvivono grazie alle riserve di grasso. Dovranno aspettare circa 60 giorni, prima che le femmine facciano ritorno.

Il gioco delle coppie

Nell'Oceano Antartico ci sono poche terre emerse, e i pinguini imperatore devono aspettare che il mare si ghiacci, all'inizio dell'inverno, per poter partire per un lungo viaggio attraverso la banchisa fino alle colonie riproduttive, dove formano delle coppie. La femmina depone un unico uovo a metà maggio, poi lo passa alle zampe palmate del padre e parte per il mare. Il maschio si prenderà cura dell'uovo fino al ritorno della madre.

I PINGUINI IMPERATORE HANNO VARI STRATI DI FOLTE PIUME SIMILI A SQUAME, CHE SOLO I VENTI PIÙ PUNGENTI POSSONO ARRUFFARE.

▼ Un pinguino imperatore può immergersi a una profondità di 400 metri e restare sott'acqua per 20 minuti senza mai riemergere.

Nel loro elemento

Una volta tornati al mare, i goffi movimenti dei pinguini sulla terra diventano un ricordo lontano. I loro corpi a forma di siluro fendono l'acqua raggiungendo la velocità di 14 km/h, e possono immergersi molto in profondità, dove la luce è scarsa o assente. Nessuno sa come questi uccelli riescano a individuare le loro prede nell'oscurità degli abissi.

▶ I genitori proteggono i loro pulcini dal freddo intenso e dai predatori come gli skua.

▼ Attraversare enormi distese di ghiaccio è molto faticoso, quindi i pinguini scivolano sulla pancia per risparmiare energia.

Digiuni e scorpacciate

I maschi intraprendono quindi un viaggio di circa 100 km attraverso i ghiacci per raggiungere l'acqua. Una volta sazi, fanno ritorno alla colonia, dopodiché i genitori continuano a fare turni di caccia per nutrire i loro pulcini. Quando la banchisa comincia a rompersi, con l'arrivo dell'estate, pulcini e adulti viaggiano insieme verso il mare in cerca di cibo.

Genitori single

Ben nutrite, le femmine tornano alla colonia giusto in tempo per la schiusa delle uova. Allora ogni maschio consegna l'uovo alla femmina e va verso il mare. Appena nato, il pulcino si nutre del cibo rigurgitato dalla madre.

SALTO nel buio

I salmoni oceanici si dirigono verso l'entroterra per riprodursi, risalendo la corrente dei fiumi. Questo spettacolo avvincente e movimentato per i golosi grizzly è anche un vero e proprio banchetto volante, nonché una grande opportunità di gustare dell'ottimo pesce d'acqua dolce.

Fast food

In estate, i salmoni rossi cominciano il loro viaggio verso casa per deporre le uova negli stessi fiumi in cui sono nati. Sapendo che è in arrivo un banchetto, gli orsi grizzly si riuniscono lungo le rive di rapide e cascate, dove i salmoni saltano fuori dall'acqua per risalire la corrente, o si immergono nei fiumi per bloccare i pesci contro il fondale con le loro enormi zampe. Una dieta estiva a base di salmone consente al grizzly di immagazzinare abbastanza cibo per sopravvivere all'inverno, durante il quale può mangiare pochissimo per interi mesi.

▶ In alcuni luoghi, i pesci sono così numerosi che a un orso basta stare fermo con la bocca aperta per catturare un salmone al volo.

APPORTO PROTEICO

Un tempo si credeva che esistessero diverse specie di orsi bruni; poi i test del DNA hanno dimostrato che appartengono tutti alla stessa specie, quella dell'*Ursus arctos*. Le differenze di dimensioni sono dovute principalmente all'alimentazione: gli orsi kodiak e i grizzly costieri godono di una dieta più proteica.

Proporzioni tra le diverse varietà (altezza alla spalla)

Missione riproduzione

Nel corso del loro viaggio, i salmoni passano dal blu argenteo al rosso brillante, e le loro teste diventano verdi. Il colore si propaga sulla pelle, non sulle squame (che sono trasparenti), e indica che sono pronti per l'accoppiamento. In una singola stagione riproduttiva, un solo fiume può essere attraversato da ben dieci milioni di salmoni! Questo sarà il loro unico viaggio: i salmoni si riproducono solo una volta nella vita.

▲ I salmoni nuotano controcorrente e le femmine cercano un posto adatto per deporre le loro uova, scavando buche nella ghiaia con la coda.

▶ I salmoni muoiono ma, decomponendosi, i loro corpi rilasciano sostanze nutritive utili per il sostentamento degli avannotti (pesci giovani) e di altri animali.

Vietato arrendersi

L'esercito di salmoni ce la mette tutta, ma le sue fila vengono decimate a ogni attacco dei grizzly. Alla fine, i sopravvissuti risalgono la corrente fino ai letti di ghiaia. Lì, le femmine depongono le uova e i maschi le fecondano. Poco dopo tutti gli adulti moriranno.

Nascite e viaggi

Dopo alcuni mesi, le uova si schiudono e gli avannotti rimangono nel fiume fino all'estate seguente. Da giovani adulti cominciano la migrazione inversa, dirigendosi verso l'oceano.

▶ Dopo la schiusa, i salmoni neonati rimangono nella loro buca per un mese, mangiando il cibo contenuto nel tuorlo dell'uovo.

NUVOLE di farfalle

Molti uccelli affrontano viaggi incredibili, ma come fanno degli insetti piccoli e fragili a sopravvivere a straordinarie migrazioni di 3.000 km? Le farfalle monarca si dirigono a sud per l'inverno, ma la loro odissea è solo una parte del loro bizzarro ciclo vitale.

▶ Ogni farfalla monarca adulta ha una proboscide lunga e sottile, che succhia il nettare liquido situato all'interno dei fiori.

Generazione X

Ogni anno, l'ultima generazione estiva di farfalle monarca nordamericane è diversa dalle precedenti. Questi insetti temerari non sono destinati a una vita breve e prevedibile, passata a succhiare nettare e riprodursi, ma a un lungo viaggio verso il Messico. Quando le giornate si accorciano e l'autunno è nell'aria, le farfalle adulte (dette imago) si nutrono, immagazzinano energia e partono.

METAMORFOSI

Le farfalle compiono una metamorfosi, trasformandosi da bruchi alla loro forma adulta. Durante l'estate, i bruchi si nutrono di asclepiade, assorbendone la linfa tossica e lattiginosa e diventando velenosi per i potenziali predatori.

1. I bruchi grassi e maturi si impupano. Attraverso la metamorfosi i loro corpi si trasformeranno in adulti, o imago.

2. La pupa (o crisalide) è appesa a un filo di seta. Cominciano a vedersi alcune parti del corpo, come le ali e l'addome.

3. Dalla pupa emerge un adulto. Il suo corpo è ancora morbido, e dovrà indurirsi prima che l'imago possa volare.

Una miriade di farfalle

Usando il sole come bussola e il campo magnetico terrestre per orientarsi, milioni di imago volano istintivamente verso sud. Le farfalle monarca mettono su peso nutrendosi durante il viaggio e risparmiano energie sfruttando le correnti d'aria. Di notte, si riuniscono per riposare.

▼ Innumerevoli farfalle si librano in volo, percorrendo fino a 130 km al giorno.

Pronte a posarsi

L'obiettivo del viaggio è raggiungere luoghi più caldi in quanto, essendo animali a sangue freddo, le farfalle avrebbero difficoltà a sopravvivere ai rigidi inverni delle zone settentrionali. Spesso le imago scelgono gli stessi alberi che avevano già ospitato le generazioni precedenti, ma nessuno sa come facciano. Le foreste messicane sono l'habitat ideale per riposare: il clima fresco consente al loro metabolismo di rallentare senza congelarle.

◀ Quando si posano, le farfalle entrano in uno stato di animazione sospesa (quasi totale inattività), consumando lentamente le loro riserve di grasso corporeo. Alcune cadono al suolo, altre rischiano di essere divorate dagli uccelli.

▶ Prima di monitorarne le migrazioni, non si sapeva dove vivessero le farfalle monarca nei mesi invernali.

Verso casa

Il tepore primaverile risveglia le farfalle, che diventano più attive e cominciano a nutrirsi e accoppiarsi, prima di rimettersi in viaggio verso nord. Saranno poi raggiunte dalla loro prole, che completerà l'ultima fase della migrazione.

FESTA in spiaggia

Attratte dalla luce della luna, migliaia di tartarughe Olive Ridley emergono dal mare e si riversano sulla spiaggia. Le tartarughe marine di tutte le specie depongono le uova sulla terraferma, ma solo le Ridley lo fanno tutte insieme, dando vita a uno spettacolare rituale antico di milioni di anni.

▼ Come tutti i rettili, le tartarughe respirano aria, e depongono le uova sulla terraferma per permettere agli embrioni di respirare durante lo sviluppo.

Arribada!

Per vari mesi all'anno Playa Ostional, in Costa Rica, ospita oltre 20.000 femmine di tartaruga Olive Ridley. Questo fenomeno, conosciuto dai locali come "arribada" (arrivo dal mare), è emblematico di una brillante strategia riproduttiva abbastanza comune in natura. Deponendo le uova fertilizzate tutte insieme, le femmine sperano di guadagnare maggiori probabilità di sopravvivenza, per loro stesse e per i piccoli.

▼ Le femmine depongono le uova nel proprio luogo di nascita. Di solito ripetono questo processo tre volte all'anno.

Rapidi scavi

Le tartarughe marine sono agili e veloci in acqua, ma goffe e pesanti sulla terraferma. Le femmine si trascinano lentamente sulla spiaggia e scavano una buca nella sabbia soffice con gli arti anteriori, simili a pinne. È un lavoro duro, e le tartarughe emettono respiri profondi mentre si danno da fare. Con gli arti posteriori rendono la fossa più profonda e vi lasciano cadere circa 100 uova. Le ricoprono con la sabbia e poi, una volta finito, si dirigono di nuovo verso il mare.

▼ Le tartarughe appena nate vanno verso il mare. Vi rimarranno per circa 15 anni. Le femmine ricordano l'odore della loro spiaggia, e torneranno lì a deporre le proprie uova.

Cuccioli in fuga

Le tartarughe si sviluppano all'interno dell'uovo per 45-60 giorni. La temperatura esterna ne influenza la crescita: nei mesi più freddi è più probabile che nascano dei maschi. Quando le uova si schiudono, le piccole tartarughe devono correre verso il mare per sfuggire ai predatori in agguato nelle vicinanze.

▼ Meno di un uovo su 100 si schiude e i cuccioli, con gli occhi ancora semichiusi, annusano l'aria e si precipitano verso il mare. La corsa favorisce lo sviluppo dei polmoni.

▼ Più di 300 persone si occupano di raccogliere e smistare le uova dai nidi di Playa Ostional.

LE TARTARUGHE DI KEMP ERANO ARRIVATE A ESSERE POCHE CENTINAIA. GRAZIE ALL'IMPEGNO PER LA LORO TUTELA, 1.000 FEMMINE SONO TORNATE A DEPORRE LE UOVA.

La raccolta delle uova

Playa Ostional è l'unico luogo del mondo in cui è legale raccogliere le uova di tartaruga. Ogni anno, la comunità locale ne raccoglie circa quattro milioni per la vendita e il consumo. Anche se questa attività è controllata e considerata sostenibile, per gli autoctoni sembra essere più conveniente dal punto di vista economico lasciare in pace le uova e incoraggiare invece il turismo.

NOMADI per natura

Gli gnu attraversano in branco le praterie africane in cerca di cibo e acqua. Il loro epico viaggio li conduce presso i fiumi Mara e Grumeti, dove i coccodrilli stanno in agguato. Le prede migliori sono gli esemplari deboli ai margini della mandria, per i quali un qualsiasi passo falso può rivelarsi fatale.

Guadi pericolosi

Gli gnu si spostano ciclicamente tra le pianure meridionali del Serengeti e le terre del Maasai Mara, più a nord. Ogni anno percorrono circa 2.900 km. Queste lunghe e continue migrazioni sono intervallate da pericolose traversate di fiumi, dove schiere di coccodrilli affamati si radunano in attesa.

L'unione fa la forza

La nascita dei cuccioli di gnu è uno spettacolo straordinario: durante la stagione riproduttiva, che si protrae per alcune settimane tra gennaio e marzo, possono venirne al mondo 8.000 in un giorno solo. Ogni femmina partorisce un unico cucciolo, circondata dalla protezione del branco. Grazie al numero di nuovi nati, che supera di gran lunga quello degli individui predati, la mandria ha buone probabilità di sopravvivenza.

▲ Il periodo più favorevole per la nascita dei cuccioli di gnu è all'inizio della stagione delle piogge. I piccoli imparano a stare in piedi nei 15 minuti successivi al parto.

Coccodrilli schierati

La maggior parte dei coccodrilli caccia in solitaria. Quelli del Nilo, invece, hanno imparato i punti in cui gli gnu attraversano i fiumi e adattato il loro comportamento per godersi abbondanti scorpacciate. Lavorano in gruppo, allineandosi in punti strategici e studiando i movimenti degli gnu. Una volta identificati gli esemplari più deboli, i coccodrilli li bloccano e sferrano il loro attacco.

▲ Uno gnu tenta di sfuggire alle fauci del predatore, ma con i suoi 6 metri di lunghezza il coccodrillo del Nilo è un temibile avversario.

GIROTONDO

Gli gnu si spostano da nord a sud durante la stagione secca, e aspettano le piogge per partorire. Poi tornano indietro passando per i pascoli a ovest.

Trova l'intruso

Le praterie africane ospitano un movimento costante di circa due milioni di erbivori. I viaggiatori sono quasi tutti gnu, ma circa 200.000 zebre si uniscono a questa gigantesca processione e si mescolano alle mandrie di gnu per sfuggire agli agguati dei leoni.

▼ La sopravvivenza delle zebre è garantita dai continui spostamenti verso nuovi pascoli. Le immense mandrie di gnu offrono loro protezione dai predatori.

▲ Gli gnu dalla barba bianca sono una delle cinque sottospecie di gnu striati. Migrano in cerca di cibo, acqua e fosforo, un minerale di cui le femmine hanno bisogno per produrre latte.

La corsa delle **SARDINE**

Una frenetica miriade di code agita le acque della costa orientale del Sudafrica: è la corsa delle sardine, uno dei più incredibili eventi naturali. Questa moltitudine di pesci rappresenta un'attrazione irresistibile sia per i turisti che per i predatori affamati.

▶ Le sule del Capo si tuffano in cerca di cibo. Se mangiano troppo avranno difficoltà ad alzarsi in volo, e diventeranno a loro volta deliziosi spuntini per gli squali.

Inseguendo le correnti

Da maggio a luglio, quasi tutti gli anni, milioni di sardine sono spinte dal loro istinto riproduttivo a migrare per deporre le uova. Il loro viaggio le conduce a nord lungo la costa orientale del Sudafrica, seguendo le fredde correnti invernali. Secondo gli scienziati, le acque settentrionali offrono un ambiente favorevole per la sopravvivenza delle uova e degli avannotti (nuovi nati) delle sardine: il rischioso viaggio è il prezzo da pagare per permettere ai loro piccoli di nascere nel migliore dei modi.

Frenesia alimentare

Moltissimi predatori nuotano lungo i banchi di sardine, costringendoli gradualmente ad avvicinarsi alla costa per intrappolarli. Marlin, tonni, foche, squali, sule, delfini e balene sono solo alcuni dei famelici cacciatori che accorrono a godersi il banchetto.

ALBATRI, PINGUINI E ORCHE PERCORRONO MIGLIAIA DI CHILOMETRI DALL'OCEANO ANTARTICO PER PARTECIPARE ALL'ABBUFFATA.

Una grande performance

L'unico modo che le sardine hanno per difendersi dai predatori è serrare i ranghi, compattandosi in "sfere" per confonderli. Riunite in argentei vortici circolari, le sardine riescono a distrarre qualche animale, ma i predatori più tenaci non si lasciano ingannare da questo ultimo, disperato tentativo di sopravvivenza. Turisti e pescatori sono attratti dallo spettacolo e si tuffano in acqua muniti di reti per catturare qualche sardina, fiduciosi che gli squali siano troppo impegnati per badare a loro.

▼ Basandosi su alcuni segnali, come uccelli in picchiata e branchi di delfini, i pescatori riescono a catturare migliaia di pesci con una sola rete.

▶ Con la sua "spada", il pesce vela infilza le sardine riunite in sfere, per poi mangiarsele in tutta tranquillità.

▲ Di norma gli squali sono animali solitari, ma in occasione della corsa delle sardine si radunano insieme esemplari di squalo bronzo, bruno, leuca, toro e tigre.

Corsa al cibo

Molti aspetti della corsa delle sardine rimangono un mistero. A innescarla sembra essere un calo della temperatura dell'oceano, il che spiegherebbe perché a volte, in anni eccezionalmente caldi, non si verifica. I pesci seguono le correnti fredde che trasportano grandi quantità di plankton, di cui si nutrono, e mentre nuotano si raggruppano in enormi banchi di milioni di esemplari, che si estendono per chilometri e chilometri.

FOLLE innamorate!

Per secoli, i nostri antenati sono stati convinti che alcune creature nascessero direttamente dalla polvere, dalla terra o persino dalla carne in putrefazione. Avevano assistito alla comparsa improvvisa e incredibile di migliaia di animali di cui ignoravano completamente le origini.

◀ I serpenti giarrettiera si raggruppano per farsi calore a vicenda. Questa pratica favorisce l'accoppiamento.

Vicini vicini

Ancor prima che la neve si sciolga, i primi maschi di serpente giarrettiera si risvegliano dal letargo invernale. Con il tepore primaverile ne appaiono altre decine di migliaia, che formano grovigli brulicanti in attesa della comparsa delle prime femmine. Questo spettacolo sorprendente è il più grande assembramento di rettili al mondo. Al suo risveglio, ogni femmina si ritrova circondata da circa 50 maschi, intrecciati in mucchi contorti e pronti ad accoppiarsi.

▼ Un enorme sciame di effimere emerge dall'acqua librandosi in volo e si prepara freneticamente all'accoppiamento.

Un bel giorno

Centinaia di migliaia di effimere si annidano in uno stagno, invisibili fino all'arrivo di un giorno speciale. Sotto forma di ninfe, si nutrono e crescono rimanendo nascoste nei sedimenti dello stagno; poi, quando la temperatura cambia, le effimere entrano in azione: in un attimo si trasformano tutte in adulti alati ed emergono in superficie. Da quel momento, non faranno nemmeno in tempo a nutrirsi: si accoppieranno e moriranno entro tre giorni.

Bambinoni

Quando milioni di cicale periodiche emergono dal terreno contemporaneamente, gli scienziati parlano di "apparizione di massa". Ma per chiunque si trovi nei paraggi, questo straordinario evento significa solo una cosa: un fragoroso e incessante coro di richiami di accoppiamento. Questi insetti sopravvivono sottoterra per 13 o 17 anni (a seconda della specie) come ninfe, nutrendosi di radici. Quando il loro orologio biologico scatta, gli adulti scavano gallerie e salgono in superficie per accoppiarsi. I maschi cantano per attirare le femmine, ma la performance dura poco: in forma adulta vivono solo poche settimane.

▼ Fino a 1,5 milioni di cicale possono emergere contemporaneamente in soli 4.000 m² di terreno per fare la muta (cambiare l'esoscheletro), accoppiarsi e morire.

Seta spettrale

I "bruchi tenda" appaiono dal nulla con un'entrata in grande stile. Appena nati, emergono contemporaneamente a milioni dalle loro minuscole uova e si riversano su alberi e cespugli, per poi circondarsi di uno strato protettivo di seta. Dopo una bella scorpacciata di foglie, questi bruchi tornano alle loro "tende" per digerire indisturbati: gli uccelli e gli altri predatori non si avvicinano, intimoriti dalla seta appiccicosa.

◀ Quando i bruchi della tignola dell'evonimo si affollano su un albero, lasciano un segno spettrale della loro presenza, spogliandolo di tutte le sue foglie.

RIVALI in amore

Gli animali sono guidati dalla necessità di riprodursi, e questo porta i maschi di alcune specie a rischiare di ferirsi o di morire nel tentativo di trasmettere i propri geni. La feroce competizione per le femmine può sfociare in battaglie sanguinose e spettacoli mozzafiato.

Combatti!

Gli animali più intelligenti lanciano vari avvertimenti prima di ingaggiare una lotta. Gli elefanti marini possono ricorrere a ruggiti, scrollate di testa e altre manifestazioni di forza per affermare il loro predominio senza correre rischi. Se queste esibizioni non bastano a scoraggiare il rivale, i maschi non esitano a salire sul ring. Si lanciano a capofitto l'uno contro l'altro e usano la testa, il collo e i denti per colpire l'avversario. Gli spessi strati di grasso e muscoli che ricoprono il cranio e la gola li proteggono da alcuni colpi, ma gli scontri violenti si concludono spesso con ferite che possono rivelarsi mortali.

Scarabeo Ercole contro Scarabeo Ercole

Arma preferita: corna a pinza giganti
Danni: può tagliare l'avversario in due

10 FATTORE FORZA

Lo scarabeo Ercole è considerato rispetto alle dimensioni, uno degli animali più forti della Terra: questo grosso insetto tropicale usa le sue corna a pinza per afferrare, sollevare e atterrare il rivale. Lungo solo 15 cm, può sollevare fino a 850 volte il proprio peso. Il vincitore potrà accoppiarsi con le spettatrici dello scontro.

Giraffa contro giraffa

5 FATTORE FORZA

Arma preferita: collo lunghissimo
Danni: quasi mai mortali

Le giraffe vivono in piccoli gruppi in cui i maschi adulti rivaleggiano spesso tra loro, soprattutto quando ci sono femmine fertili nei paraggi. Gli scontri avvengono a colpi di collo, mentre la testa viene usata come una mazza: un movimento ben calcolato può far perdere l'equilibrio all'avversario e fargli perdere momentaneamente i sensi.

◀ Quando i maschi di elefante marino combattono, gonfiano il naso e ruggiscono. Il suono è così potente da essere udibile a chilometri di distanza.

STAMBECCO SPAGNOLO contro STAMBECCO SPAGNOLO

8 FATTORE FORZA

Arma preferita: enormi corna
Danni: gravi ferite potenzialmente fatali

I duelli sono comuni tra gli animali dotati di corna, ma lo stambecco spagnolo è un gladiatore ineguagliabile. I maschi, che si battono per accoppiarsi, possono contare su crani resistenti e spalle muscolose per difendersi. Ciononostante, le ferite provocate dalle corna, lunghe fino a 75 cm, possono rivelarsi mortali.

VERI DURI

Nel mondo animale, non è raro che i maschi tentino di accoppiarsi con il maggior numero possibile di femmine. Per farlo devono sfidare altri maschi, e in questi casi forza, stazza e armi sono un grande vantaggio. Per questo i maschi di alcune specie diventano enormi rispetto alle femmine, e spesso dispongono di corna pesantissime, spalle incredibilmente muscolose o zanne e artigli smisurati.

▲ Un elefante marino maschio pesa quattro o cinque volte più di una femmina.

Think PINK

Le acque dei laghi salati dell'Africa si tingono di rosa quando i fenicotteri minori si riuniscono lì, impettiti e leggiadri. Ne arrivano oltre un milione a nutrirsi e danzare, dando vita a uno degli spettacoli più belli del mondo.

Splendidi ballerini

Milioni di fenicotteri rosa raggiungono i laghi salati per prepararsi alla loro straordinaria danza di corteggiamento. Iniziano muovendo la testa e sbattendo le ali, ma presto passano a eseguire una sfilata sincronizzata. I fenicotteri si fondono in gruppi più grandi, muovendosi sull'acqua in modo così fluido che sembrano pattinare. Dopo un po', non si sa bene come, cominciano a formarsi legami di coppia che porteranno alla nidificazione.

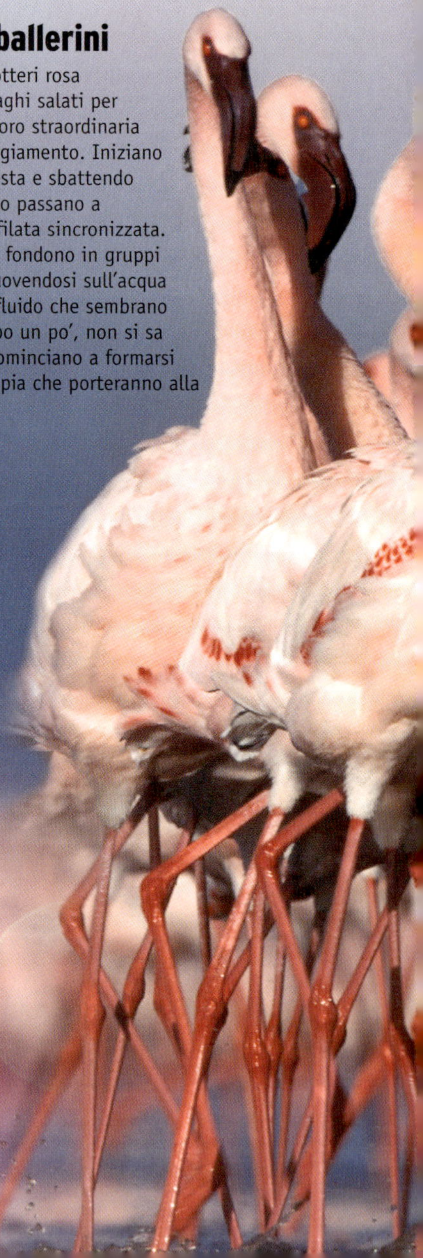

Zuppa salata

La Rift Valley, in Africa, ospita diversi laghi salati. Il caldo torrido e l'alta concentrazione di minerali alcalini nell'acqua hanno portato alla formazione di bacini di soda caustica, incompatibili con molte forme di vita. Tuttavia, in questi laghi possono proliferare dei microrganismi detti cianobatteri. Quelli della specie spirulina esplodono periodicamente, trasformando l'acqua in una densa "zuppa" verde pisello, di cui i fenicotteri vanno ghiottissimi.

▶ Decine di migliaia di fenicotteri possono affollare il Lago Bogoria, in Kenya.

Uccelli di fuoco

I fenicotteri prendono il nome dalla parola latina *flamma*, fiamma. Il loro particolarissimo colore è dovuto alla spirulina, che contiene pigmenti carotenoidi. Quando i fenicotteri mangiano i cianobatteri, i pigmenti si trasferiscono alle loro piume. Per nutrirsi, questi uccelli usano le loro grandi zampe per mescolare l'acqua e far emergere la spirulina, poi scuotono la testa. Nel loro becco ci sono centinaia di sottili lamelle che separano i microrganismi dall'acqua.

▼ Anche mentre mangiano, i fenicotteri sono in grado di stare in guardia dai predatori.

◀ Durante la danza di corteggiamento, i gruppi di fenicotteri si separano, si riuniscono e cambiano direzione in modo coordinato.

▲ Le iene corrono intorno al lago, nella speranza di riuscire ad afferrare un uccello in volo e a volte ci riescono.

PERICOLO IN VISTA!

I fenicotteri minori africani stanno diminuendo perché gli ecosistemi dei laghi salati sono in pericolo. L'estrazione commerciale di carbonato di sodio è dannosa per l'habitat, ma anche il crescente numero di insediamenti umani ha effetti negativi. Sempre più acqua viene estratta dai fiumi che alimentano i laghi per uso agricolo, e l'inquinamento è in continuo aumento.

ORDE BARBARE!

Uno stormo di 20 milioni di pipistrelli può sembrare spaventoso, ma questi piccoli mammiferi volanti sono utili, non pericolosi. I pipistrelli dalla coda libera messicani si organizzano in colonie popolosissime: in una sola grotta se ne possono trovare decine di milioni! Per sopravvivere, questi gruppi hanno bisogno di enormi quantità di cibo, e la loro dieta è interamente costituita da insetti, soprattutto parassiti agricoli.

TERRORE NOTTURNO

LO STORMO LASCIA IL RIFUGIO PER ANDARE A CACCIA

Invasione di API KILLER

Sebbene a un occhio inesperto possano sembrare identiche a quelle europee, le api africanizzate sono molto aggressive e pronte a sciamare quando il cibo scarseggia o c'è bisogno di costruire nuovi alveari. Possono individuare la presenza di estranei a 15 m di distanza dai loro nidi e non esistano a pungere per difendersi né a inseguire i loro bersagli, se necessario. Una singola puntura raramente presenta gravi conseguenze, ma centinaia possono rivelarsi letali.

API, UCCELLI, PIPISTRELLI E INSETTI POSSONO APPARIRE INNOCUI PRESI SINGOLARMENTE, MA SE UNISCONO LE FORZE, ALCUNE SPECIE POSSONO CREARE PROBLEMI ANCHE AD ANIMALI MOLTO PIÙ GRANDI DI LORO. GLI SCIAMI PIÙ IMPRESSIONANTI CONTANO MILIONI DI INDIVIDUI.

UNA MASSA FULVA VOLTEGGIA SULLA BOSCAGLIA AFRICANA...

STORMI FENOMENALI

Quella che da lontano potrebbe essere scambiata per una nuvola di polvere, è in realtà uno stormo della specie di uccelli più numerosa al mondo, il quelea beccorosso.

Migliaia di questi uccelli tessitori si radunano a banchettare su colture e alberi, devastandoli. In totale, esistono oltre 1,5 miliardi di quelea beccorosso, e alcuni stormi sono così grossi che il loro passaggio può durare cinque ore.

UNO SCIAME DI LOCUSTE PUÒ CONTARE 16.000.000.000 DI INDIVIDUI!

LA PIAGA DELLE LOCUSTE!

QUANDO LA POPOLAZIONE DI LOCUSTE SUPERA LA QUANTITÀ DI CIBO DISPONIBILE, È TEMPO DI SCIAMARE...

- Una locusta mangia ogni giorno l'equivalente del suo peso.
- Uno sciame può divorare oltre 30.000 tonnellate di cibo in 24 ore.
- Nel 2004 un mega-sciame di circa 69 miliardi di locuste devastò l'Africa nord-occidentale.
- Uno sciame può percorrere più di 130 km in un giorno.
- Nel 1988, una colonia di locuste viaggiò dall'Africa occidentale fino ai Caraibi: un tragitto di quasi 5.000 km in dieci giorni.

▶ Nel 2004, il Senegal subì una terribile invasione di locuste.

Meraviglie marine

Il mare e i suoi abissi sono teatro di alcuni degli eventi più spettacolari in natura. Nascosti all'occhio umano, gruppi di aragoste marciano sui fondali marini, banchi di meduse dorate fluttuano dolcemente tra le correnti e calamari variopinti si esibiscono in danze di corteggiamento.

Gelatine dorate

Fino a dieci milioni di meduse dorate vivono nei laghi marini di Palau, nell'Oceano Pacifico. Questi laghi salati sono chiusi, ma subiscono comunque l'effetto delle maree poiché sono collegati all'oceano tramite tunnel. Ogni mattina, le meduse nuotano verso la superficie e attraversano il loro lago, seguendo i movimenti del sole. La luce solare è essenziale, in quanto fornisce energia alle alghe che vivono all'interno delle meduse, nutrendole.

Danza luminosa

La seppia gigante australiana può crescere fino a 1,5 m di lunghezza. D'inverno, migliaia di esemplari si spostano in acque poco profonde, dove i maschi si cimentano in spettacolari performance colorate. Per cominciare, fanno sfoggio delle proprie dimensioni estendendo i tentacoli, per poi esibire striature colorate lungo il corpo. Come altre seppie, anche queste possono cambiare colore in un attimo, dando vita a uno spettacolo che cattura l'attenzione non solo delle femmine, ma anche dei subacquei.

▼ Un maschio di seppia protegge la femmina da potenziali rivali durante il corteggiamento.

Marcia serrata

Le tempeste di fine estate ridestano le aragoste dei Caraibi: quando le acque costiere si raffreddano e diventano torbide a causa dell'assenza di vento, le aragoste si preparano all'azione. Allineati in fila indiana, questi intrepidi crostacei marciano verso le zone più profonde, dove le acque calde accelerano lo sviluppo delle uova. Lì si accoppiano, per poi tornare indietro in primavera.

▲ Ogni aragosta tocca la coda di quella che la precede, formando una fila ordinata. È un evento bizzarro, a cui pochi riescono ad assistere.

▼ Le meduse dorate cercano il sole per permettere alle alghe microscopiche che vivono al loro interno di ricevere la luce necessaria.

Terra in vista!

Quando un'orca si avvicina a una banchisa o alla terraferma, l'unico segnale della sua presenza è l'improvvisa comparsa della pinna dorsale nera. Questi enormi predatori si aggirano in cerca di uno spuntino a base di foca: grazie alla loro incredibile forza e velocità, le orche si scagliano sulla riva per afferrare le prede. Se una foca si sta riposando su un banco di ghiaccio, l'orca può ribaltarlo del tutto, facendo finire il pranzo dritto nella sua bocca!

▶ Nonostante la mole gigantesca, un'orca si getta sulla riva cogliendo di sorpresa un leone marino, che così non ha scampo.

LE ARAGOSTE DEI CARAIBI POSSONO PERCORRERE 50 KM IN POCHI GIORNI. CAMMINANDO IN FILA INDIANA RIDUCONO LA RESISTENZA DELL'ACQUA E RISPARMIANO TEMPO!

Voli NO-STOP

Molti uccelli intraprendono viaggi straordinari durante le migrazioni stagionali, ma le pittime minori sbaragliano la concorrenza, compiendo epici tragitti senza sosta che le conducono in diversi punti del globo.

Giramondo

Le pittime sono uccelli trampolieri dall'aspetto quasi insignificante, ma con capacità di resistenza incredibili. Popolano le fredde tundre settentrionali, dove d'estate nidificano e crescono i piccoli. Poi si spostano a sud per nutrirsi e immagazzinare grandi quantità di grasso corporeo, che costituiranno oltre la metà del loro peso. Questi uccelli sono in grado di volare senza effettuare soste, spingendosi oltre l'equatore in cerca di cibo.

▶ Questo robusto esemplare di pittima è in partenza: lascerà la Norvegia per andare in Australia, in Nuova Zelanda o in Sudafrica.

Campioni di resistenza

Quando migrano verso sud le pittime non si fermano nemmeno per bere, mangiare o riposare, comprese quelle che sono al mondo da soli due mesi. Poi, con l'arrivo dell'inverno nell'emisfero australe, si preparano al viaggio di ritorno. Alcune fanno tappa in Europa, per godersi un clima decisamente più temperato rispetto a quello della tundra.

Uccelli da record

Una femmina di pittima nota come E7 è stata monitorata mentre compiva la migrazione più lunga e veloce del mondo. Dopo aver lasciato la Nuova Zelanda nel marzo del 2007, E7 si è fermata in Cina per riposare e nutrirsi. Poi ha continuato a volare fino in Alaska, dove ha dato alla luce due piccoli. Il 29 agosto, E7 ha cominciato il suo viaggio di ritorno verso la Nuova Zelanda, che ha raggiunto dopo soli otto giorni, senza mai fermarsi.

PIOVANELLI AL PIT STOP

I piovanelli danno del filo da torcere alle pittime minori, intraprendendo viaggi di circa 17.000 km tra l'America del Sud e l'arcipelago artico canadese. Lungo il percorso effettuano varie soste, ma la più scenografica coincide con l'arrivo in massa dei limuli (anche detti "granchi a ferro di cavallo") presso la baia di Delaware in America del Nord. Questi artropodi si riuniscono lì per accoppiarsi, e le loro uova diventano snack proteici per i piovanelli.

▲ Orde di uccelli affamati, piovanelli compresi, planano sulla baia di Delaware, dove per varie settimane fanno una scorpacciata di uova di limuli.

RONDINI DI MARE

Il percorso più breve tra due punti è una linea retta, ma alle sterne artiche non importa. La loro singolare migrazione tra i poli traccia un disegno a forma di otto che allunga il viaggio di diverse migliaia di chilometri. Si tratta di una deviazione motivata, che permette alle sterne di risparmiare energie sfruttando i venti dominanti. Ogni anno, una sterna può percorrere 70.000 km.

▼ Le sterne sono note anche come rondini di mare, per l'abilità acrobatica e la resistenza in volo.

LE STERNE ARTICHE POSSONO VIVERE FINO A 20 ANNI. NEL CORSO DELLA SUA VITA, UN ESEMPLARE PUÒ VOLARE PER OLTRE 322.000 KM: POCO MENO DELLA DISTANZA TRA LA TERRA E LA LUNA!

FIORITURE STUPENDE

La vita delle piante è molto diversa da quella degli animali, e molte si riproducono, si nutrono e respirano senza mostrare alcun movimento o cambiamento evidente. Gli eventi eccezionali, quindi, acquistano una particolare importanza.

▲ L'aro titano può arrivare a misurare ben 3 metri, ed emette un odore nauseabondo man mano che cresce in altezza.

Puzza improvvisa

La fioritura del maleodorante aro titano è imprevedibile, ma quando si verifica è a dir poco spettacolare. Questa pianta tropicale produce un'imponente infiorescenza a partire da un tubero che pesa più di 70 kg: è il più grande in natura.

◀ I petali spessi e coriacei della Rafflesia si spiegano durante la notte, formando un fiore con un diametro di circa 107 cm.

Pianta cadavere

Si dice che la Rafflesia odori di carne in putrefazione, ma il suo aspetto è ancora più particolare: cresce senza dare nell'occhio per poi dar vita improvvisamente al fiore più grande del mondo. La fioritura è del tutto imprevedibile, e i fiori sopravvivono solo pochi giorni. La Rafflesia cresce come pianta parassita sui rampicanti della foresta pluviale e sfrutta piccole mosche per l'impollinazione.

Fico party

Quando un fico gigante produce i suoi frutti, il banchetto è assicurato. Poiché questo evento si verifica solo una volta ogni due anni, gli abitanti della foresta pluviale indonesiana accorrono a frotte per assicurarsi la loro parte: macachi cinomolghi, presbiti marroni, oranghi, gibboni e migliaia di uccelli. Per un po' l'albero ospita una chiassosa abbuffata di gruppo, che si protrae per qualche settimana.

◀ Un gibbone grigio si dondola tra i rami di un fico mentre mangia i suoi succosi frutti.

I GERMOGLI DI BAMBÙ POSSONO CRESCERE FINO A 30 CM IN UN SOLO GIORNO. E A VOLTE RAGGIUNGONO I 30 M IN UN'UNICA STAGIONE DI CRESCITA.

Fioritura sincronizzata

Una volta ogni 30-40 anni, nelle foreste di bambù si verifica un fenomeno unico, che gli scienziati faticano a spiegare ancora oggi. Si tratta della fioritura spontanea e simultanea di tutte le piante di una particolare specie di bambù presenti in una vasta area. Poi, così come sono fiorite, le piante muoiono in contemporanea.

▼ I panda giganti si nutrono di bambù. Durante la fioritura fanno grandi scorpacciate, ma soffrono la fame quando l'intera foresta muore.

▲ La pianta intrappola le mosche e le trasforma in gustose zuppe grazie all'azione dei succhi digestivi.

Venere... carnivora!

Nascosta nel paludoso sottobosco della Carolina del Nord e del Sud, negli Stati Uniti, vive una pianta assassina: la venere acchiappamosche. A differenza della maggior parte delle piante, questa specie non produce autonomamente il proprio nutrimento, ma se lo procura all'esterno. Le sue foglie, infatti, fungono da trappole: quando una mosca si avventura al loro interno, reagiscono chiudendosi di scatto alla velocità della luce.

Presa da KILLER

Nel mondo naturale, la morte è sempre in agguato. Quando un predatore si scaglia contro una preda con un attacco perfettamente pianificato, il suo pasto diventa uno spettacolo affascinante.

L'orientamento degli occhi del falco gli permette di tenere d'occhio la preda anche in picchiata.

In picchiata ai 300!

Il momento in cui il falco pellegrino decide di gettarsi in picchiata è così improvviso che riuscire ad assistervi è un rarissimo privilegio. Questi rapaci sono gli animali più veloci al mondo, ma a renderli dei predatori eccezionali è anche la straordinaria precisione della loro vista. Durante una picchiata, i falchi si spostano verso il loro obiettivo a una velocità di oltre 320 chilometri orari.

Un pitone delle rocce riesce a inghiottire uno scoiattolo terricolo in un sol boccone.

Stringimi forte!

Nonostante siano capaci di aspettare settimane tra un pasto e l'altro, quando finalmente l'occasione si presenta i serpenti costrittori sono rapidissimi a colpire. Dopo aver afferrato la preda tra le fauci, i pitoni e i boa la avvolgono tra le enormi e possenti spire e la stringono lentamente. Questa presa mortale impedisce alle prede di respirare, fino a soffocarle.

Pronti a uccidere

I grandi felini solitari sono predatori furtivi, veloci e forti. Eppure, le prede di questi formidabili cacciatori hanno sviluppato delle tecniche per sopravvivere, facendo affidamento su prontezza, velocità e tenacia. Per i ghepardi, ben tre cacce su quattro sono buchi nell'acqua, e le tigri falliscono il 90% degli agguati.

▶ Un ghepardo tiene d'occhio la sua preda mentre si avvicina di soppiatto, pronto a scattare.

▲ La coppia alfa (dominante) di lupi si nutre per prima. Il resto del branco può mangiare solo quando gli alfa sono sazi.

Branco all'attacco

Come molti predatori, i lupi cacciano spesso col favore delle tenebre. Le foreste in cui vivono offrono un'ulteriore copertura, e li aiutano a nascondersi anche dalle prede più attente. Solitamente i lupi cacciano in branchi che contano fino a otto membri, e per avere successo devono raggiungere un ottimo livello di coordinazione.

Colpo di lingua

L'attacco di un camaleonte è così fulmineo che è quasi impossibile coglierlo a occhio nudo. La lingua appiccicosa di questi rettili viene scagliata a una velocità di 21,6 km/h e accelera da 0 a 6 metri in 20 millisecondi. Anche le mosche, che hanno tempi di reazione rapidissimi, sono troppo lente per riuscire a sfuggire.

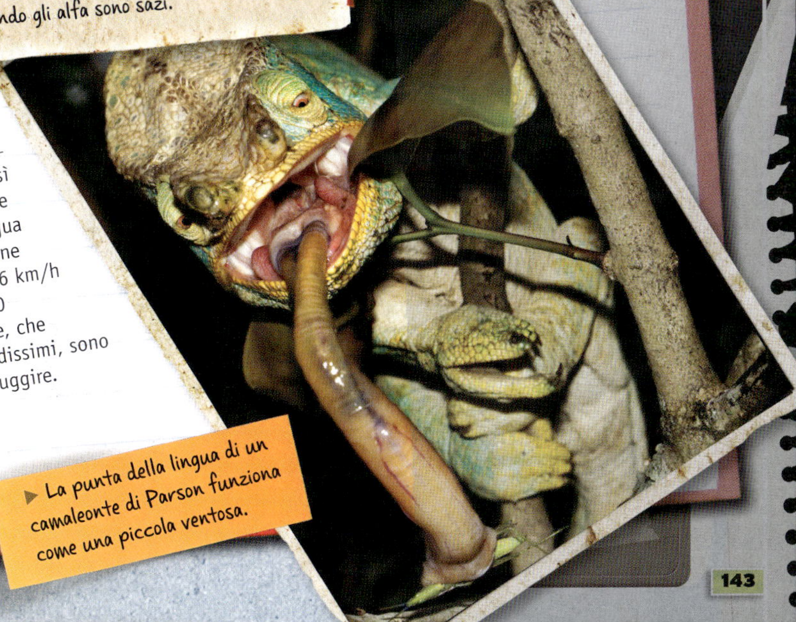

▶ La punta della lingua di un camaleonte di Parson funziona come una piccola ventosa.

UN ANNO BESTIALE

Ogni minuto di ogni giorno, in natura si verificano eventi straordinari, e gli istinti di sopravvivenza generano uno spettacolo mozzafiato dietro l'altro. Divertiti a scoprire i fenomeni più incredibili in giro per il mondo, in una carrellata ininterrotta di sorprese che va da gennaio a dicembre.

Gennaio

Centinaia di aquile calve si radunano nel loro habitat invernale: le paludi del bacino di Klamath, nell'Oregon. Questi maestosi uccelli trascorrono i mesi più freddi sulle acque ghiacciate, nutrendosi di uccelli acquatici.

Aprile

Due milioni di uccelli migratori si riuniscono a Broome, nell'Australia Occidentale, per intraprendere il loro viaggio di 10.000 km verso l'emisfero boreale, seguendo una delle rotte migratore più lunghe al mondo.

Maggio

Una scarpinata di tre ore tra la pioggia sottile e l'alta vegetazione nella foresta pluviale del Ruanda è il prezzo da pagare per vedere una famiglia di gorilla di montagna, in pericolo di estinzione. Alcuni esemplari sono abituati alla presenza umana, e si lasciano osservare mentre mangiano e giocano.

Agosto

La Danum Valley nel Borneo è difficile da raggiungere, ma vale la pena di addentrarsi nel folto della foresta pluviale. Affrettati a osservare gli oranghi allo stato brado finché puoi: entro 20 anni saranno estinti a causa della sostituzione del loro habitat con piantagioni di olio di palma.

Settembre

Nel Parco nazionale di Yellowstone, negli Stati Uniti, è l'inizio della stagione degli amori... e dei feroci combattimenti tra rivali.

Ottobre

Febbraio

L'estate nell'emisfero australe è il momento migliore per gli avvistamenti di balene. Intorno alla Penisola Antartica si possono osservare balenottere minori, comuni e azzurre, megattere (a sinistra), zifidi e balene franche australi che si godono la temporanea abbondanza di cibo.

Marzo

Le tigri sono tra i felini più sfuggenti al mondo, ma questo è un ottimo periodo per avvistarle nelle riserve di Sundarbans e di Ranthambore, in India.

Giugno

Gli orsi labiati dello Sri Lanka, solitamente animali notturni, a giugno diventano attivi anche durante il giorno per mangiare i frutti maturi degli alberi.

Luglio

Questo è il momento migliore per avvistare la meravigliosa e sfuggente farfalla iride mentre svolazza intorno alle querce del Regno Unito.

Solo i maschi presentano il caratteristico colore viola, creato dalla rifrazione della luce sulle squame delle ali. Le femmine sono marroni.

Migliaia di orsi polari si radunano a Churchill, in Canada, in attesa che il fiume Hudson si ghiacci per poter cacciare.

Novembre

Nelle mattinate limpide, centinaia di pappagalli ara si concentrano sull'alto corso del fiume Tambopata in Perù per leccare l'argilla dalla riva. La geofagia (ingestione di terra) è comune a molte specie animali. L'argilla contiene minerali che possono rivelarsi molto nutrienti.

Dicembre

Le gru della Manciuria si riuniscono in Giappone, Cina e Russia per cominciare la loro affascinante danza di accoppiamento sincronizzata.

Zoccolo DURO

Tra gli animali terrestri, le antilocapre e le renne intraprendono le migrazioni più lunghe. Molto tempo fa, ad attraversare le pianure dell'America del Nord dovevano essere milioni di esemplari, ma l'intervento umano ha aggiunto molti ostacoli al loro viaggio.

Lontano lontano

Le mandrie di renne contano migliaia di esemplari e compiono viaggi di 5.000 km nel corso di un unico anno, per trovare nuovi pascoli, dare alla luce i cuccioli ed evitare gli inverni troppo rigidi e i fastidiosi insetti estivi. I percorsi sono piuttosto flessibili: un viaggio migratorio può essere diverso da quello dell'anno precedente per itinerario e distanza, e può comportare l'attraversamento di corsi d'acqua. Le renne nuotano molto bene, e i loro manti hanno peli cavi che le aiutano a rimanere a galla.

In cerca di cibo

Più a nord, i movimenti migratori delle renne subiscono molte meno interferenze da parte dell'uomo. Questi mammiferi ungulati, detti anche caribù di Grant, si muovono tra la tundra artica e le regioni boreali, dove cibo ed esseri umani sono scarsi, anche se un tempo i loro territori si estendevano molto più a sud.

▶ Questa mandria di caribù si dirige verso l'Alaska. I suoi spostamenti sono monitorati via satellite, per documentare i percorsi migratori.

Oggi ai bisonti è concesso di assecondare i loro istinti migratori. Fino a qualche tempo fa erano confinati nei parchi nazionali, come quello di Yellowstone.

Problemi da bisonte

Il Parco nazionale di Yellowstone, in Wyoming, ospita una delle più grandi mandrie di bisonti in libertà. Si tratta dei discendenti diretti dei 30 milioni di esemplari che un tempo popolavano le Grandi Pianure, prima che la caccia sfrenata ne riducesse il numero a soli 1.091, nel 1889. Gli sforzi di conservazione dei bisonti sono spesso ostacolati dai loro istinti migratori, che li pongono in conflitto con i contadini.

Spesso gli itinerari delle renne implicano l'attraversamento di grandi fiumi.

Percorso a ostacoli

Nel Wyoming ci sono quasi più antilocapre che persone: sono circa mezzo milione! Ma l'80% dei loro antichi percorsi per nutrirsi d'inverno e partorire d'estate è scomparso a causa dello sviluppo commerciale. Oggi solo una mandria intraprende il viaggio stagionale, un tragitto di 160 km che mette a dura prova la resistenza di questi animali. Il paesaggio naturale è stato spazzato via dall'urbanizzazione e dalle strade, e per le antilocapre raggiungere i pascoli è diventata un'impresa ardua e pericolosa.

Le antilocapre sono costrette ad attraversare strade trafficate e a oltrepassare recinzioni di filo spinato per raggiungere la loro residenza estiva.

ELEFANTI in marcia

Quando si spostano, gli elefanti lo fanno con grande determinazione. Spinta dal bisogno di acqua e cibo, una mandria in marcia dà vita a una maestosa processione che sembra mossa da un'unica mente. Questi intelligentissimi giganti sono animali altamente sociali e formano forti legami familiari.

GLI ELEFANTI COMUNICANO EMETTENDO SEGNALI A BASSA FREQUENZA. IL SUONO PASSA ATTRAVERSO IL TERRENO E ARRIVA AGLI ALTRI, CHE LO SENTONO RIMBOMBARE SOTTO LE ZAMPE.

▼ La siccità diventa sempre più lunga e dura in diverse parti dell'Africa, costringendo mandrie di elefanti di savana a vagare per giorni in cerca di acqua.

BUON APPETITO!

Un elefante adulto necessita di 160 kg di cibo al giorno, ed è in grado di sradicare interi alberi per procurarselo. Quando una mandria di questi enormi animali viene confinata in un'area ristretta può involontariamente demolire le sue stesse fonti di cibo; per questo gli elefanti hanno bisogno di territori vasti, e molti migrano per sopravvivere.

SICCITÀ MORTALE

Nelle regioni aride dell'Africa, l'acqua scarseggia. Nelle stagioni secche, i fiumi si trasformano per mesi in polverosi depositi di terra e detriti, e gli elefanti sono costretti a sopportare caldo torrido, tempeste di sabbia e stenti per raggiungere le sempre più rare pozze d'acqua.

▶ Gli elefanti usano la proboscide per raggiungere il fondo delle pozze, nel tentativo di bere. Dall'acqua e dalle rocce circostanti possono ricavare sodio, un minerale essenziale per la loro dieta, che però scarseggia nelle zone aride; perciò gli elefanti leccano il terreno e le rocce per assumerlo.

▼ Gli elefanti percorrono tragitti sicuri tra pozze d'acqua e parchi naturali, e i turisti si radunano per assistere allo spettacolo.

SULLA STRADA GIUSTA

Il futuro sembra roseo per gli elefanti migratori della Namibia, che costituiscono la più grande popolazione di elefanti in Africa. Da quando ne è stato riconosciuto il valore per l'ecosistema e il turismo, la loro conservazione è diventata un obiettivo primario, e i loro percorsi migratori sono attivamente protetti. Aree diverse possono presentare problemi diversi per gli elefanti, quindi le attività di conservazione devono variare a seconda della regione.

LE TEMPERATURE RAGGIUNGONO I 49 C NELLA REGIONE DI SAHEL, NEL MALI, MENTRE GLI ELEFANTI COMPIONO VIAGGI ANNUALI DI 480 KM IN CERCA DI ACQUA E CIBO.

▼ Una decina di elefanti arriva in questo albergo nello Zambia ogni ottobre, quando gli alberi di mango danno i loro frutti. Per i turisti lo spettacolo è garantito.

CAMERA CON ELEFANTE

Se un edificio sorge lungo un tragitto migratorio, non sempre gli animali capiscono di dover fare una deviazione. La costruzione dell'albergo Mfuwe Lodge nel parco nazionale di South Luangwa, nello Zambia, non ha scoraggiato una mandria di elefanti in marcia, che attraversano tranquillamente la reception per raggiungere gli alberi di mango a cui attingono da generazioni.

INDICE ANALITICO

◀ I crotalini asiatici hanno corpi piccoli e robusti e code prensili. Di solito sono verdi e si nutrono di piccoli animali, come anfibi e uccelli.

INDICE ANALITICO

Il **grassetto** indica le pagine in cui l'argomento è trattato per esteso.
Il *corsivo* si riferisce alle illustrazioni.

REFERENZE FOTOGRAFICHE

L'editore ringrazia per l'uso delle fotografie:
a=alto, b=basso, c=centro, s=sinistra, d=destra, p=principale, sf=sfondo

LEGENDA
A/AL=Alamy, B=Bridgeman, CO=Corbis, D=Dreamstime, F=Fotolia, FLPA=Frank Lane Picture Agency, GI=Getty Images, GW=Glow Images, IS=istockphoto.com, MP=Minden Pictures, N=Newscom, NG=National Geographic Creative, NPL=Nature Picture Library, P=Photoshot, PL=Photolibrary, R=Reuters, RF=Rex Features, S=Shutterstock, SJC=Stuart Jackson-Carter, SPL=Science Photo Library, SS=Superstock, TF=Topfoto

FRONTE DI COPERTINA Heidi &amp, Hans-Juergen Koch/Minden Pictures/FLPA, COSTA S, RETRO DI COPERTINA Michael Rosskothen/S, Jerry Bouwmeester/S, MarkMirror/S, PAGINE PRELIMINARI 1 Volodymyr Goinyk/S, 2–3 luckypic/S, 4 Catmando/S, Mogens Trolle/S, 5 S, Galyna Andrushko/S

GIGANTI PREISTORICI 6–7 WALTER MYERS/SPL, 8 SJC, 9 SJC, 8–9 Sergey Mikhaylov/S, 8–9(sf) EcOasis/S, 8(bd) Reinhard Dirscherl/FLPA, 8(cs) Jaime Chirinos/SPL, 8(schizzi) pavila/S, 9(bc) KUCO/S, 11 The Natural History Museum/A, 11 My Good Images/S, 10–11 SJC, 10–11(sf) Reinhold Leitner/S, 10, 11(cartellini) Mrsiraphol/S, 10(schemi) grynold/S, 10(scala) Jakkrit Orrasri/S, 10(a) happydancing/S, 10(etichette) val lawless/S, 10(as bordo) colors/S, 10(as) RICHARD BIZLEY/SPL, 11(cd) nuttakit/S, 11(ac) De Agostini/GI, 12–13(b) geographlo/S, 12(bs) Sabena Jane Blackbird/A, 12(p) JAIME CHIRINOS/SPL, 12(as) Roman Sigaev/S, 13(bd) CHRISTIAN DARKIN/SPL, 13(a) JAIME CHIRINOS/SPL, 12–13(p) Sergey Skleznev/A, 12(cs) Topfoto.co.uk, 13(bc) Johan Swanepoel/S, 13(ad) JAIME CHIRINOS/SPL, 16 Kostyantyn Ivanyshen/S, 14–15 LEONELLO CALVETTI/SPL, 14(s) ROGER HARRIS/SPL, 16–17(c sf) Lokichen/S, 16–17(a) Magnia/S, 16, 17(bs) matyas/S, 18 (c) Michael Rosskothen/S, 18(bs) DEA PICTURE LIBRARY/UIG/RF, 19(c) Stocktrek Images, Inc/A, 19(bd) Stocktrek Images, Inc/A, 19(a) dpa picture alliance/A, 18 SJC, 20(b) Stocktrek Images, Inc/A, 20(c sf) Bojan Dzodan/S, 20(p sf) fotomak/S, 21(b) Stocktrek Images, Inc/A, 21(cd) Georgios Kollidas/S, 21(a) NHPA/P, 22(c) Catmando/S, 22(d) JULIUS T CSOTONYI/SPL, 22(s) Stocktrek Images, Inc/A, 22(p) Stefano Paterna/A, 23(bs) Stocktrek Images, Inc/A, 23(ad) MEHAU KULYK/SPL, 22–3 val lawless/S, 22–3(sf) macknimal/S, 22–3(strisce) sniegirova mariia/S, 24–5(bc) Olga Selyutina/S, 24(bs) Stocktrek Images, Inc/A, 24(cd) Q-Images/A, 24(as) Kevin Schafer/CO, 24(ad) JOSE ANTONIO PEÑAS/SPL, 25(c) GI, 25(bs) CHRIS HELLIER/SPL, 25(cs) nuttakit/S, 25(cd) De Agostini Picture Library/P, 25(corno) PASCAL GOETGHELUCK/SPL, 25(as) BW Folsom/S, 25(ad) MARK GARLICK/SPL, 26–7(p) Pavel L Photo and Video/S, 26(bc) JAIME CHIRINOS/SPL, 26(cd) JAIME CHIRINOS/SPL, 26(piume) Potapov Alexander/S, 26(uomo) Tsomka/S, 26(ad) JAIME CHIRINOS/SPL, 26(donna) Layland Masuda/S, 27(c) JAIME CHIRINOS/SPL, 27(bd) National Geographic/GI, 27(ragazza) yykkaa/S, 28–9 Ron and Joe/S, 28–9(disegni) lavitrei/S, 28(bs) JAIME CHIRINOS/SPL, 28(c/sf) Irina Solatges/S, 28(c/sf) Irina Solatges/S, 28(cerchio sf) dedoma/S, 28(ad) Florilegius/A, 28(muro sf) Bruce Amos/S, 29(bordo) rickwade/S, 29(bd) JAIME CHIRINOS/SPL, 29(ad) National Geographic Image Collection/A, 30–1(sf) Tomaz Kunst/S, 30(b) SCOTTCHAN/S, 30(bs) bikeriderlondon/S, 30(p) Galyna Andrushko/S, 30(riquadro) S, 30(carta) Picsfive/S, 30(a) Inna G/S, 31(bd p) AF archive/A, 31(bd riquadro) Lukiyanova Natalia/frenta/S, 32 SJC, 33 SJC, 32–3(p) JAIME CHIRINOS/SPL, 32(cs) Timur Kulgarin/S, 33(bs) DK Limited/CO, 34(c) Ryan M. Bolton/S, 34–5(p sf) s oleg/S, 34–5(oggetti) moleskin/S, 34, 35(cartellini) kikka8835/S, 34(bc) DK Limited/C, 34(bd) Daniel Eskridge/Stocktrek Images/CO, 34(cs) Nicku/S, 34(cs) My Good Images/S, 34(mappa) mattalia/S, 34(a p) Hein Nouwens/S, 34(t/sf) Leigh Prather/S, 35(b/p) JAIME CHIRINOS/SPL, 35(bc) Ryan M. Bolton/S, 35(as) Andrew Rubtsov/A, 35(ad fossile) DK Limited/CO, 35(ad p) JAIME CHIRINOS/SPL, 35(orologio) Bombaert Patrick/S, 36–7(b) Kamenetskiy Konstantin/S, 36–7(bd) Apples Eyes Studio/S, 36–7(p) Ted Horowitz/CO, 36(bd) NATURAL HISTORY MUSEUM, LONDON/SPL, 36(s) Jarek Janosek/S, 37(bd) Walter Myers /Stocktrek Images/ CO, 37(cd) MAURICIO ANTON/SPL, 37(ad) North Wind Picture Archives/A, 37(ad) DNY/iStockphoto.com, 38 SJC, 39 SJC, 38(cs/ sf) Miloje/S, 38–9(sf) Loskutnikov/S, 38(metallo) Andrey Kuzmin/S, 40–1(c) Stocktrek Images, Inc/A, 40–1(bc) Phil Degginger/A, 40(bc) Vixit/S, 40(bs) PHILIPPE PLAILLY/SPL, 40(cartellini) kikka8869/S, 41(c) Robert Landau/CO, 41(bd cornice) Mikhail hoboton Popov/S, 41(ad) KIYOSHI OTA/epa/CO, 41(cs) Hans Winke/A

ANIMALI STRAORDINARI 42–3 Christian Ziegler/MP/FLPA 44(a) Jurgen & Christine Sohns/FLPA, (b) Hugh Lansdown/FLPA 45(a) Stephen Dalton/NPL, (c) Stephen Dalton/NHPA, (b) Gisela Delpho/P 46(p) Jurgen & Christine Sohns/FLPA, (bs) Kim Taylor/ NPL 47(a) Stephen Dalton/NPL, (b) Hue Chee Kong/S 48–9(sf) Alex Kuzovlev, (p) Reinhard Dirscherl/P 48(a) Natutik/S 49(a) Michael & Patricia Fogden/MP/FLPA, (bd) Malcolm Schuyl/FLPA 50–1(sf) S, (fori dei proiettili) Krisdog/D, (chiodi) dusan964/S, (manifesti ricercati) Chyrko Olena/S, (chiavi) Simon Bratt/S 50(as) Konstantin Sutyagin/S, (ad) Fred Bavendam/MP/FLPA, (bs) Frank Stober/Imagebroker/FLPA, (bd) ZSSD/MP/FLPA, (bd, sf) Kirsty Pargeter/F 51(as) Austin J Stevens/P, (ad) Norbert Wu/MP/FLPA, (bs) Mitsuaki Iwago/MP/FLPA, (bs, sf) Triff/S, (bd, manette) Zsolt Horvath/S, (bd, distintivo) Peter Polak/S 52–3(p) Piotr Naskrecki/MP/FLPA, (cornice) Undergroundarts.co. uk/S 52(s) Piotr Naskrecki/MP/FLPA, (b) Mark Payne-Gill/NPL, (b, cornice) Robert Adrian Hillman/S 53(a) S & D & K Maslowski/ FLPA, (b) Ron Austing/FLPA 54–5(sf) Gudrun Muenz/S, (cartellini) Picsfive/S, (palloncini) Michael C. Gray/S, (stelle filanti) hans.slegers 54(as) Ariadne Van Zandbergen/FLPA, (cs) Milena_/S, (c) Manfred Kage/P, (c, cornice) Natalie-art/S, (bd) Sherjaca/Shutterstock 55(as) Eduardo Rivero/S, (as, cornice) vector-RGB/S, (ad) laschi/S, (cs) Pete Oxford/NPL, (cs, sf) LeonART/S, (cd) Eky Studio/S, (cd, cornice) Nira/S, (b) Paul

Kay/P, (b, cappello da festa) Stacy Barnett/S 56(p) Sea Pics, (b) Bruce Davidson/NPL 57(a) javarman/S, (as) Ron O'Connor/NPL, (b) Paul Nicklen/GI 58–9(carta colorata) Alexey Khromushin/F, (cornice) Picsfive/S, (puntine) Oleksii Natykach/S, composite image: (zampe posteriori) Steffen Foerster Photography/S, (coda) NREY/S, (corpo) Eric Isselée/S, (zampe anteriori) Eric Isselée/S, (collo) prapass/S, (orecchie) Johan Swanepoel/S 58(a) Dhoxax/S, (c) Mark Beckwith/S, (b) Mogens Trolle/S, (carta) Milos Luzanin/S 59(as) michael Sheehan/S, (ad) BlueOrange Studio/S, (as) Kjersti Joergensen/S, (cd) Ludmila Yilmaz/S, (bs) Jurgen & Christine Sohns/FLPA, (bd) Steffen Foerster Photography/S 60–1(as) Aflo/NPL, (ac) pixelman/S, (ad) Villiers Steyn/S, (bs) Stephen Bonk/S, (bd) Neil Bowman/FLPA 62–3(sf) Lightspring/S, (c) Roger Powell/NPL, (riquadri) tkemot, (stelle) Tomasz Wojdyla 62(as) Geoff Simpson/NPL, (bs) Andy Rouse/NPL, (bd) Tui De Roy/P 63(as) Eric Isselée/S, (ad) Dietmar Nill/NPL, (cd) Doug Allan/NPL, (ad) Ed Reschke/P 64–5(sf, legno) Brian Weed/S, (sf, libro) thumb/S, (scarabocchi) Petr Vaclavek/S, (c) Tyler Boyes/S, (bc) Danny Smythe/S 64(s) vilax/S, (ad) Angelo Gandolfi/NPL, (b) Suzi Eszterhas/MP/FLPA 65(as) Constantinos Petrinos/NPL, (ad) Marie Read/NPL, (bs) Premaphotos/NPL, (bd) Doug Perrine/NPL, (ghiande) dionisvera/S 66–7(p) Tan Hung Meng/S, (foglie) maxstockphoto/S 66 Colin Marshall/FLPA, 67(a) S Charlie Brown/FLPA, (b) Bruce Davidson/NPL 68–9(sf) Lasse Kristensen/S 68(ad) Katherine Feng/MP/FLPA, (c) Cathy Keifer/iS (b) ImageBroker/FLPA, (bs) Cathy Keifer/F 69(a) Mitsuaki Iwago/MP/FLPA, (c) Donna Heatfield/S, (b) Visuals Unlimited/NPL 70(p) Neale Cousland/S, (s) Vinicius Tupinamba/S 71(as) Johan Swanepoel/S, (ad) mike lane/Alamy, (as) Joseph DiGrazia/S, (as, cornice) Iwona Grodzka/S, (b) Kurt Madersbacher/P 72–3(medaglie) Fotocrisis/S 72(p) Gerry Ellis/MP/FLPA, (b) Flip De Nooyer/FN/MP/FLPA 73(a) Johan Swanepoel/S, (b) Mike Parry/MP/FLPA 74–5(sf) Pete Oxford/NPL, (foglia gialla) Iurii Konoval/S, (foglia verde) maxstockphoto/S 74(ad) Staffan Widstrand/NPL, (bs) Thomas Marent/MP/FLPA 75(a) Heidi & Hans-Juergen Koch/MP/FLPA, (c) Solvin Zankl/NPL, (b) Gerry Ellis/MP/FLPA, (cornici) PhotoHappiness/S 76–7(ac) Richard Fitzer/S, (ac, cartello) Loskutnikov/S, (bc) Flip Nicklin/MP/FLPA, (d) Anan Kaewkhammul/S, (tavole) aborisov/S

CREATURE LETALI 78–9 Design Pics Inc/RF, 80–1(b) Eric Isselee/S, 80–1 (sf) Valentin Agapov/S, 80(bl) Clivia/F, 80(bs) ULKASTUDIO/S, 80(bs) Steve Bloom, 80(cd) ArtisticPhoto/S, 80(cd) Maslov Dmitry/S, 80 (as) Steffen Foerster/S, 81(bs) Edwin Giesbers/NPL, 81(bd) Antoni Murcia/S, 81(cd) Daniel Cox/GI, 81(as) Ljupco Smokovski/F, 81(as) Nature Production/NPL, 81(as) RoyStudio.eu/S, 82–3 Jakub Krechowicz/S, 82–3 val lawless/S, 82–3(b) Noam Armonn/S, 82(b) Robert Valentic/NPL, 82(sf) Mark Yuill/S, 82(bs) SPbPhoto/S, 82(bc) gabor2100/S, 82(cd) Nadezhda Sundikova/S, 82(s) Oariff/D, 82(a) Picsfive/S, 82(a) oksankash/S, 83(b) Yganko/S, 83(sf) Mark Yuill/S, 83(bd) Jabruson/NPL, 83(bd) Carlos Horta/S, 83(a) Audrey Snider-Bell/S, 84(bs) MARTY SNYDERMAN/VISUALS UNLIMITED, INC/SPL, 84(bd) Norbert Wu/Science Faction/CO, 84(ad) Design Pics Inc/RF, 85(b) Doug Perrine/NPL, 85(as) EYE OF SCIENCE/SPL, 86–7 SteveUnit4/S, 86–7 zentilia/S, 86–7 Dr. Cloud/S, 86–7 Eky Studio/S, 86–7(b) Jag_cz/S, 86–7(sf) Fesus Robert/S, 86–7(sf) chaoss/S, 86(b) George McCarthy/CO, 86(ad) Pete Oxford/Minden Pictures/FLPA, 87(b) Mark Moffett/Minden Pictures/FLPA, 87(a) Lassi Rautiainen/NPL, 87(a) Dennis Donohue/S, 88–9 Potapov Alexander/S, 88–9(sf) chalabala/S, 88(b) Massimo Saivezzo/S, 88(bs) NHPA/P, 88(as) Potapov Alexander/S, 88(ad) Alex Hyde/NPL, 89(bs) Nick Upton/ NPL, 89(bs) Vitaly Korovin/S, 89(bd) Daniel Heuclin/NPL, 89(a) Michael & Patricia Fogden/GI, 90–1 Vividz Foto/S, 90–1 RTimages/S, 90–1(sf) khd/S,

90–1(sf) xpixel/S, 90(bc) Gary Blakeley/S, 90(bd) SJ Watt/S, 90(cd) Kevin Schafer/Minden Pictures/FLPA, 90(cd) Angelo Gandolfi/NPL, 90(as) RTimages/S, 91(bd) Karsol/D, 91(bd) Peter Betts/S, 91(cs) Clem Haagner/Ardea, 91(cs) Charidy B/S, 91(cd) borzywoj/S, 91(ac) Florian Andronache/S, 92–3(sf) Kekyalyaynen/S, 92(b) Igor Kovalchuk/S, 92(bc) Alex Wild/Visuals Unlimited/CO, 92(bc) My Good Images/S, 92(bs) Kerstin Schoene/S, 92(bd) Kletr/S, 92(cs) SmileStudio/S, 92(as) Andrey_Kuzmin/S, 92(ad) SCIEPRO/SPL, 93(bs) Dietmar Nill/NPL, 93(bs) Vitaly Korovin/S, 93(cd) JAMES L. AMOS/NG, 93(a) Visuals Unlimited/CO, 94(bs) jps/S, 94(bd) Raia/S, 94(bd) Vitaly Korovin/S, 94(bd) Westend61/SS, 94(as) Kovalev Maxim/S, 94(ad) Eric Isselee/S, 95(bd) Raul D. Martin/ National Geographic Society/CO, 95(c) Erik Stokker/S, 95(ad) Daniel Alvarez/S, 96(bs) Lions Gate/ Everett/RF, 96(cd) NHPA/P, 96(as) Skymax/S, 96(as) Ronnie Howard/S, 96(ad) Jean Paul Ferrero/Ardea, 96(ad) Picsfive/S, 97(bs) Stephen Belcher/Minden Pictures/FLPA, 97(bd) Myotis/S, 97(bd) lenetstan/S, 97(bd) Patryk Kosmider/S, 97(cs) Alhovik/S, 97(cs) Animals Animals/SS, 97(cd) Courtesy of Harvard University/Handout/ Reuters/CO, 97(cd) Luis Molinero/S, 97(ad) KONRAD WOTHE/ MINDEN PICTURES/NG, 97(ad) redsoul/S, 98–9 Picsfive/S, 98–9(b) Philip Perry/FLPA, 98–9(c) Ron Austing/FLPA, 98(a) Bernd Rohrschneider/FLPA, 99(b) Luiz Claudio Marigo/NPL, 99(as) Nelson Marques/S, 99(ad) Stu Porter/S, 100 alexvav/S, 100–1 Nataliya Hora/S, 100–1(b) mradlgruber/S, 100–1(sf) Elenamiv/S, 100–1(c) Stefan Delle/S, 100–1(a) YKh/S, 100(bs) ROBERT SISSON/NG, 100(bd) Nature Production/NPL, 100(ad) John Cancalosi/NPL, 101(bd) Matty Symons/S, 101(s) Bob Jensen/P, 101(s) Collpicto/S, 101(ad) Ingo Arndt/NPL, 102–3 blojfo/S, 102–3(sf) Dirk Ercken/S, 102(bs) Jim Brandenburg/Minden Pictures/CO, 102(bs) Dima Fadeev/S, 102(bs) Yu Lan/S, 102(cd) NHPA/P, 103(bs) JOEL SARTORE/NG, 103(cd) NHPA/P, 103(as) DM7/S, 103(as) R-studio/S, 104 Picsfive/S, 105 stock09/S, 105 val lawless/S, 105 AnnPainter/S, 104–5(c) CB2/ZOB/WENN.com/N, 104–5(a) Planner/S, 104(bs) Stephanie Frey/S, 104(bs) Steve Collender/S, 104(a) Picsfive/S, 104(as) CB2/ZOB/WENN.com/N, 104(ad) Dr Shin-ya Ohba, 104(ad) R-studio/S, 104(ad) kanate/S, 105(b) Piyato/S, 105(bs) Faiz Zaki/S, 105(bs) Faiz Zaki/S, 105(c) Earl D. Walker/S, 105(c) Korn/S, 105(d) CB2/ ZOB/WENN.com/N, 105(d) KROMKRATHOG/S, 106(cs) Tony Campbell/S, 106(ad) Michael & Patricia Fogden/Minden Pictures/FLPA,

107(b) LYNN M. STONE/NPL, 107(as) Martin Zwick/NHPA/P, 107(ad) JONATHAN PLEDGER/S, 108–9(sf) Mrgreen/D, 108(bs) Doug Perrine/GI, 108(bs) Joe Gough/S, 108(bs) Oksana Nikolaieva/S, 108(bs) Alex Staroseltsev/S, 108(bd) Winfried Wisniewski/GI, 108(bd) Givaga/S, 108(cs) ivn3da/S, 108(cs) Nomad_Soul/S, 108(a) Jaimie Duplass/S, 108(as) Nixx Photography/S, 108(ad) Anna Henly/GI, 108(ad) Kitch Bain/S, 108(ad) Oksana Nikolaieva/S, 108(ad) Miro art studio/S, 109(bc) Vitaly Raduntsev/S, 109(bs) Lyutskevych Dar'ya/S, 109(bs) Minden Pictures/SS, 109(cs) LHF Graphics/S, 109(cd) Julio Aldana/S, 109(cd) Nelia Sapronova/S, 109(a) Steven Kazlowski/Science Faction/CO, 109(a) discpicture/S, 110–11 Tischenko Irina/S, 110(bd) Suzi Eszterhas/Minden Pictures/CO, 110(cs) Paul Souders/CO, 111(bc) Maridav/S, 111(bs) Kathryn Jeffs/NPL, 111(cs) Doug Allan/NPL, 111(ad) Doug Allan/NPL, 112–13 moenez/S, 112–13 S, 112–13(sf) evv/S, 112(bd) Loek Gerris/Foto Natura/Minden Pictures/CO, 112(bd) Milkovasa/S, 112(bd) Elliotte Rusty Harold/S, 112(cd) imagebroker/A, 112(cd) tonyz94/S, 112(as) ra2studio/S, 113(bs) cynoclub/S, 113(bs) age fotostock/SS, 113(c) Potapov Alexander/S, 113(cs) Handout/Reuters/CO, 113(as) David & Debi Henshaw/A, 113(as) Sphinx Wang/S

FENOMENI SORPRENDENTI 114–15 Roman Golubenko/Solent/RF; 116–17 Wild Arctic Pictures/S; 116(bs) Joel Blit/S, (bd) Robert Neumann/S, (cd) Sunset/FLPA, (s) Sunset/FLPA, (s) Jan Martin Will/S, (a) Slavolijub Pantelic/S; 117(bd) Frans Lanting/FLPA, (cs) Rob Reijnen/Minden Pictures/FLPA, (a) Doug Allan/GI, (a) HABRDA/S, (a) Ton Lammerts/S; 118–19 Matthias Breiter/Minden Pictures/FLPA; 118(bs) beboy/S, (bs) Darren J. Bradley/S, (as) Picsfive/S; 119(bd) Sergey Gorshkov/Minden Pictures/FLPA, (s) GI, (d) Yva Momatiuk & John Eastcott/Minden Pictures/FLPA, (as) Sergey Gorshkov/Minden Pictures/FLPA, (as) Lukiyanova Natalia/frenta/S; 120–1 Ingo Arndt/Minden Pictures/FLPA, Ambient Ideas/S, Ingo Arndt/Minden Pictures/FLPA; 120(b) Cathy Keifer/IS, (b) Laurie Barr/S, (b) jaimaa/S, (b) Cathy Keifer/S, (cs) robertlamphoto/S, (cs) Sari Oneal/S, (s) HeinSchlebusch/S, (as) Rtimages/S, (as) Viktorya07/S; 121(bd) Ingo Arndt/Minden Pictures/FLPA, (c) Tom Freeze/S, (cd) Le Do/S; 122–3 Konrad Wothe/GI, SVLuma/S; 122(bs) Solvin Zankl/NPL, (bd) Marcel Jancovic/S, (c) Suzanna/S, (cd) Jerry Zitterman/S, (as) Doug Perrine/NPL; 123(bd) Jeffrey Rotman/CO, (bd) Ben Jeayes/S, (bd) Ruslan Nabiyev/S, (cs) Hallgerd/S, (cs) Benjamin Albiach Galan/S, (as) Matthew W Keefe/S, (ad) Visuals Unlimited, Inc./Solvin Zankl/GI, (ad) Teeratas/S; 124–5(a) Andy Rouse/NPL; 124(bs) Paul McKenzie/GI, (cd) FLPA, (as) SCOTTCHAN/S, (as) irink/S; 125(b) Anup Shah/NPL, (bs) Iwona Grodzka/S, (as) Zhukov Oleg/S, (as) AridOcean/S, (ad) yamix/S, (ad) Gentoo Multimedia Ltd/S; 126–7 Doug Perrine/NPL, (bc) Barcroft Media/GI, (ac) Barcroft Media/GI; 126(s) funnyboy745/S, (as) MarFot/S; 127(cd) Stuart Westmorland/CO, (as) photo market/S, (ad) Doug Perrine/NPL; 128–9 Lorraine Swanson/S; 128(b) Wild Wonders of Europe/Radisic/NPL, (b) Matt Jeppson/S, (bs) Picsfive/S, (a) Rusty Dodson/S, (as) Vasilius/S, (ad) Thomas Bethge/S; 129(b) David Thorpe/AL, (cd) Mitsuhiko Imamori/Minden Pictures/FLPA, (ad) Fedorov Oleksiy/S, (ad) rsooll/S; 130–1 Yva Momatiuk & John Eastcott/Minden Pictures/FLPA, (b) James Steidl/S, (b) max blain/S, (a) James Steidl/S; 130(bs) Robert Dowling/CO, (cs) Jakub Krechowicz/S, (as) Polina Maltseva/S; 131(bs) Roy Mangersnes/NPL, (bs) discpicture/S, (bd) Jordi Bas Casas/PS, (as) Michael & Patricia Fogden/CO, (ad) Mogens Trolle/S; 132–3 Michel & Christine Denis-Huot/GI; 132(bs) mashe/S, (s) Nigel Pavitt/JAI/CO, (s) Color Symphony/S, (as) Willee Cole/S; 133(bc) Kevin George/S, (bd) Elliott Neep/FLPA, (ad) Image Focus/S, (ad) Olga Makhanova/S; 134–5 David Gilder/S, (bc) Hunor Focze/S, (bc) Noah Golan/S; 134(bs) Solvin Zankl/Visuals Unlimited/CO, (bs) Katrina Brown/S, (as) Michael Durham/Minden Pictures/FLPA, (as) Michael Durham/Minden Pictures/FLPA, (ad) Joel Sartore/GI; 135(bd) STR/Reuters/CO, (bd) Eric Isselée/S, (ac) Daryl Balfou/GI, (ac) Johan Swanepoel/S; 136–7 Ingo Arndt/Minden Pictures/FLPA, (c) Hiroya Minakuchi/Minden Pictures/FLPA, (b) Doug Perrine/NPL; 136(c) Georgette Douwma/NPL, (c) Augusto Cabral/S, (as) lafoto/S; 137(bs) NatalieJean/S, (ad) Sylvain Cordier/GI; 138–9 Mark Bolton/S; 138(c) Roger Powell/NPL, (b) Blackbirds/S, (cs) Robyn Mackenzie/S, (as) Laborant/S, (ad) photocell/S; 139(bs) brandonht/S, (bd) Gail Johnson/S, (bd) Bytedust/S, (c) shutswis/S, (cs) Timothy W. Stone/S, (cs) Vitaly Korovin/S, (as) Yuri Shirokov/S, (ad) Frans Lanting/FLPA; 140–1 Alena Brozova/S; 140(as) Olivier Le Moal/S, (bs) Frans Lanting/CO, (d) RF, (as) Valentin Agapov/S; 141(bs) Brigitte Thomas/GI, (bd) Pete Oxford/Minden Pictures/FLPA, (bd) crystalfoto/S, (cd) nito/S, (ac) Brooke Becker/S, (as) Justine Evans/NPL; 142–3 Feng Yu/S, Tungphoto/S; 142(cs) ducu59us/S, (bs) Bruce Davidson/NPL, (bs) Brian A Jackson/S, (bs) PhotoHappiness/S, (bd) Hal_P/S, (bd) Ingvar Bjork/S, (cs) Anneka/S, (cd) Photo Researchers/FLPA, (ad) tanatat/S; 143(c) Kess/S, (bd) Alex Hyde/NPL, (bd) Mushakesa/S, (cs) GI, (cd) Ben Bryant/S, (ad) Winfried Wisniewski/FN/ Minden/FLPA; 144–5(ac) Mogens Trolle/S, donatas15/S, (c) Gavin Parsons/GI, (b) ImageBroker/FLPA; 144(b) Barbara Magnuson/Larry Kimball/GI, (c) Andy Rouse/NPL, (cs) bioraven/S, (s) Mazzzur/S, (as) oriori/S, (as) cloki/S; 145(bd) Dickie Duckett/FLPA, (cd) MarkMirror/S, (d) Picsfive/S, (ad) Aditya Singh/Imagebroker/FLPA; 146–7 Michio Hoshino/Minden Pictures/FLPA; 146(bs) TungCheung/S, (bd) Michio Hoshino/Minden Pictures/FLPA, (as) Valentin Agapov/S, (as) kzww/S, (ad) morrbyte/S; 147(bs) Dmitriy Bryndin/S, (bd) Joel Sartore/GI, (as) Rob Crandall/RF, (ad) Le Do/S; 148–9 Michael Poliza/GI; 148(bs) Dr. John Michael Fay/GI, (bs) Lukiyanova Natalia/frenta/S, (cs) 3d brained/S, (s) Nihongo/S, (ad) Leshik/S; 149(b) Barcroft Media/GI, (b) Selena/S, (ad) Ulrich Doering/Imagebroker/FLPA

150 rattanapatphoto/S

Tutte le altre fotografie sono tratte da: Corel, digitalSTOCK, digitalvision, Dreamstime.com, Fotolia.com, iStockphoto.com, John Foxx, PhotoAlto, PhotoDisc, PhotoEssentials, PhotoPro, Stockbyte

È stato compiuto ogni sforzo per contattare i detentori dei diritti d'autore di ogni immagine. L'editore si scusa per errori od omissioni non intenzionali.